写真でたどる

笠置シヅ子の足跡

生……が立つ(香川県東かがわ市)

引田の街並み（香川県東かがわ市）

引田の街並み（香川県東かがわ市）

天然の良港であった引田の穏やかな海の風景（香川県東かがわ市）

笠置シヅ子の養家・亀井家の墓所（香川県東かがわ市）

幼い笠置シヅ子が暮らした大阪の下福島付近を流れる安治川

笠置シヅ子が初舞台を踏んだ大阪松竹座（大阪市中央区）

笠置シヅ子

昭和の日本を彩った「ブギの女王」一代記

青山 誠

角川文庫
23849

目次

第一章　初舞台は銭湯の脱衣所？

もらわれてきた赤ん坊

大正4年（1915）の春先、亀井音吉は出産のため帰郷していた妻・うめを迎えに大阪駅に来ていた。無事に子が産まれたという知らせを受けてからすでに半年が過ぎている。当時の旅は大人でも苦行だった。赤ん坊の首が座るくらいまで育たなければ、汽車や船には乗せることはできない。商売の都合で大阪から動けない音吉は、その間じっと我慢で待つより手がなかった。

それだけに、この日を待ち侘びていた。もうすぐ愛しい妻と我が子に会える。そう思うと、ホームに吹きつける寒風が暖かく感じたりもする。

やがて汽笛を響かせて汽車が入線し、人々がぞろぞろと降りてきた。音吉はその中から目ざとく懐かしい妻の顔を見つける。が、その時の彼の表情には嬉しさよりも、むしろ驚きの色が濃く浮かんでいた。

妻はふたりの赤ん坊を抱えている。そんな話は聞いてない……。

「双子だったのかいな、えらいこっちゃ」

音吉は困惑するが、

大正時代初期の大阪駅（国立国会図書館所蔵）

「そやおまへん。男の子のほうはうちの子やけど、こっちの女の子のほうは、もらい子です。どうだす、可愛いおまっしゃろ？」

うめは笑顔で切り返す。実家の近所に子どもを産んだ女性がいたのだが乳の出が悪く、代わりに乳を与えていた。その女性はシングルマザーで赤ん坊を育てることができず、養子に出す先を探しているという。人情家の彼女には、見て見ぬふりができなかった。乳を与えるうち赤ん坊に情も湧いてきて、とうとう自分が引き取ると言いだし大阪に連れ帰ったのである。

似たもの夫婦。音吉も情に厚く楽天的な性格でもある。

「それなら、しゃーないなぁ」

と、妻の決断をすんなり受け入れてしまう。そして、我が子となった娘の顔をあらためてのぞきこみ、ここでまた驚いた。

「どえらい口、さらしてけつかる」

大きな口を開けて泣き叫ぶ赤ん坊を見て、思わずそう呟く。

このどえらい口をした赤ん坊が、後にブギの女王として一世を風靡する大スター・笠置シズ子になろうとは、この時の亀井夫妻は知る由もない。

ちなみに、音吉が初対面の時に発したこの失礼な一言は、笠置自身も後々に誰かに聞かされ知っていたようだ。自伝『歌う自画像　私のブギウギ傳記』にその時のことが詳しく記されている。彼女は自分に向けられた義父の失言を面白がっていた。昭和27年（1952）発行の雑誌『家庭よみうり』9月1日の「流行歌手　私の顔」というインタビュー記事で、

「へぇ、わての顔だっか？　ごらんの通りけったいな顔や。そらもう、わてかて美人になりたいと思います。けど、顔のことで気ィ使うより歌の方が先や思うてますねン」

と、さばさばとした感じで自分の顔について語っている。

ステージの上では、その顔が魅力を放っていた。彼女はステージで激しく動きまわり、表情もまた様々に変化して喜怒哀楽の感情を豊かに表現する。それが歌声をいっそう観客たちの心の深くにまで響かせる効果がある。

「表情がサビついてしもうたら、歌手としておしまいですわ」

と彼女はよく言っていた。大きな口も〝けったいな顔〟も、歌手としての大きな武器になる。持って生まれた才能のひとつだと自覚している。その魅力に圧倒された最初の人物が、音吉だったのかもしれない。強烈なインパクトに驚き、あのような言葉を発したのだろう。

亀井夫妻はもらってきた女の子を「静子」と名付け、四国から一緒に連れ帰った実子の正雄と同様の愛情をもって接した。生まれつき気管支が弱かった正雄が3歳で亡くなった後は、そのぶんの愛情も静子に注ぎ込んでいっそう大切に育てた。そのため彼女は疑うことなく、自分は夫妻の実子だと信じて少女時代を過ごしている。

音吉は安治川右岸の下福島で米屋を営んでいた。店舗と住居が兼用の小さな店、奥の部屋で寝かされている赤ん坊の耳元にも店の方からざわめきが聞こえてくる。それを子守唄に育った。静子の幼少の頃の記憶も、大阪下町の喧騒から始まっている。

下福島は明治時代中頃まで内陸には田圃が広がり、川岸には漁師の小舟が舳先を並べて繋留された半農半漁の村だった。明治時代後期になると住友伸銅所や日本紡績の工場が進出して、そこで働く人々が移住するようになる。工場を囲むようにして家々が建てられ、田圃の畦道はたちまち長屋が密集する路地に変貌。大正時代になると工場労働者の街ができあがっていた。

静子が生まれた大正3年（1914）には第一次世界大戦が勃発し、世は〝大戦景気〟と呼ばれる好景気に沸いていた。

大正時代初期の安治川（国立国会図書館所蔵）

界隈の工場は昼夜のフル操業で稼働し、人手不足から臨時工の採用がさかんにおこなわれる。街の人口は急増して路地には人々があふれていた。

そんな街で米屋を営む音吉の商売も堅調。毎日忙しく働いていた。しかし、彼は子煩悩で働き者ではあるのだが、夜遊びもまた大好き。人見知りしない性格から交友関係は広く、色々と誘いも多かったのだろう。好景気で仲間内もみんな懐具合が良く、酒席や博打に誘いあって出かけることが増えた。

夜になると音吉はソワソワしながら、いつの間にかいなくなってしまう。帰ってくるのはいつも朝方だった。

「お父ちゃんは、どないしてん？」

父の行動を不思議に思った静子が母に問えば、うめは微笑みを浮かべながら、

「お父さんは丹波の山までフンドシ取りに行っとりなはるんや、そのうちフンドシ背負って戻って来まっせ」

そう言って子どもたちの笑いをとる。少し度が過ぎる夫の放蕩には、妻のうめも言いたいことは多々あっただろう。しかし、子どもたちの前では絶対にそれを態度に表さない。不機嫌に押し黙っても問題は解決しない。家の中は暗くなり、かえって憂鬱な気分を増幅するだけだ。何の得にもならない。それなら、やりたい放題の夫をネタ

に笑いをとったほうがいい。子どもたちは喜んで笑い、家の中は明るくなって、自分も多少は溜飲が下がるというわけだ。そんな母に育まれて静子は育ってゆく。

現在、安治川右岸の一帯は大阪中央卸市場の敷地となっている。しかし、市場の開場は昭和６年（１９３１）のことで、静子がうめに抱かれて大阪にやって来た頃にはまだ存在せず。河岸には工場の煙突や煉瓦造りの倉庫が並び、路地を抜け出ると川面を眺めることができた。

安治川の対岸には川口波止場に着岸する船も見える。

川口波止場は明治元年（１８６８）に「大阪港」として開港され、付近に外国人居留地も建設されていた。しかし、水深が浅いために大型船は入港できず、下流の天保山沖に停泊して艀（貨物の移動に使う平底の船）に荷を積み替えねばならない。そのため神戸港が開港してから外国船の寄港は途絶えたが、地の利は捨てがたい。大阪市内中心部に近い場所であり、港のすぐ近くを路面電車が走っている。その利便性から瀬戸内沿岸や九州、四国へと向かう船便のターミナルとして重宝した。大正時代になってからでも５００トン程度の貨客船がさかんに川を行き交い、河岸はいつも大勢の旅行者でにぎわっていたという。

亀井夫妻の郷里である香川県の引田（現・東かがわ市）にも、静子が10歳になった大正13年（1924）から摂陽商船が1日1便を就航させるようになった。船に乗りさえすれば、桟敷席で寝ていながら目覚めた頃には引田港に着く。港で船を降り、そこから少し歩いたところに音吉の実家がある。

鉄道ならば重い荷物を抱えて階段を上がったり降ったり、何度も乗り換えねばならず疲れるし面倒くさい。それを考えれば、定期航路開設後は亀井家の里帰りも列車より川口波止場からの船便を選択することが多くなっていただろうか。

引田港への定期航路が開設される以前にも、川口波止場からは高松など四国各地に向かう客船や貨物船がさかんに往来していた。船が接岸する河岸では讃岐方言がよく聞かれたことだろう。

昔は東北地方出身者が上野駅周辺に多く住んでいた。故郷に向かう長距離列車が発着する上野は、彼らにとっては心安くて暮らしやすい場所だ。また、商売人には同郷者が多い場所のほうが何かと商売もやりやすい。音吉が四国との往来でにぎわう川口波止場に近い下福島で店を構えたのは、同様の理由があったのかもしれない。

現在の安治川

「母」の愛を身にうけて育つ

川口波止場を出港した船は、十数時間で引田港に到着する。引田は香川県の東端、徳島県境から近い場所にある。山を背にした天然の良港で、鳴門海峡の難所を越える際の潮待ち・風待ちの港として北前船の寄港でにぎわっていたという。醤油醸造や製糖などの地場産業も昔からさかんで、国内有数の生産地だった。嘉永7年（1854）に刊行された『讃岐国名勝図会』には、

「当国東第一の大湊にして、大売大船おびただしく漁船も多し、諸国の船出入り絶えずして交易、士農工商備はれり」

当時の様子がこのように伝えられる。この頃も街のメインストリートには大きな商家や土蔵が軒をつらね、維新後も港町のにぎわいは維持されていた。当時の国内航路には動力の弱い機帆船が多く、まだ潮待ち港が必要だった。出港待ちで暇を持て余す船員たちがうろつく街の通りには、彼らを目当てにした酒場や銭湯、芝居小屋も多い。

亀井音吉の実家は、メインストリートから港へと通じる路地の一角にあった。道の

両側に建ちならぶ家々の中からは、ガチャガチャとにぎやかな機械音が聞こえてくる。

大正時代の引田はメリヤス製品の一大産地にもなっていた。海路で大阪と直結する地の利から、工場が進出するには最適の立地条件だったのだろう。なかでもメリヤスの手袋は、当時から日本一の生産量を誇っている。手袋の縫製は地元の主婦や娘たちにとって貴重な現金収入になる内職仕事。路地で聞かれるのは、彼女らがミシンを踏む音だった。

笠置シズ子や彼女を育てた養父母の亀井夫妻を知る人が、現在もこの近隣に健在だった。東かがわ市生涯学習課・荻野憲司氏が聞き取り調査をおこなったところ、昭和3年（1928）に生まれた女性が、自分の子ども時代にこの付近で音吉の姿をよく見かけたという証言をしている。背は低く丸顔で小太りで、どこか愛嬌(あいきょう)があり憎めない感じ。いつも上物の着物を着ており、近所の大人たちとはあきらかに違うお洒落(しゃれ)な都会人に映ったという。

定期航路の就航で交通の便が良くなったこともあり、音吉は頻繁に帰郷していたようである。盆暮れなどには妻のうめや静子を伴って実家を訪れることも多かっただろう。この家が父親の実家。と、当時の静子は信じて疑うことはなかったはず……だが、彼女の本当の父親の家は、この港町から2キロほど離れた郊外の集落にあった。

引田の街中を抜け、密集する家々が途切れたあたりに馬宿川（うまやどがわ）がある。この川を越えたところが黒羽（くれは）と呼ばれる地域。当時は田圃（たんぼ）の中、家々がまばらに点在する農村だった。静子はこの集落で産まれている。その生家について、彼女の自伝には、

「村の南はづれに白壁づくりの土塀をめぐらした富農で、村の人たちは俗に〈白塀さん、白塀さん〉と呼んでいたそうです。」

このように書かれている。

確かに村人たちは誰もがこの家のことを「しろべえさん」と呼んでいた。しかし、それは白壁の土塀のことではない。代々の当主が「四郎兵衛（しろべえ）」を名乗り、それが屋号になったもの。村では一番の名家であり、広い農地を所有していた。近世になると製糖業に参入してさらに財を蓄えていたという。

静子の実父である三谷陳平はその家の跡取り息子。電信学校を卒業後、引田郵便局に勤務していた。実母の名は谷口鳴尾といって、三谷家に女中として奉公していたとされる。若い男女がひとつ屋根の下で暮らすうちに、いつしか恋に落ちる。そして静子を身籠（みご）もるのだが。三谷家では結婚に猛反対、鳴尾は生まれたばかりの静子を抱えて実家へ戻されてしまったということだった。

引田の街並み（香川県東かがわ市）

鳴尾は明治28年（1895）頃の生まれだというから、当時はまだ18～19歳といったところ。自伝によれば彼女の実家は「引田町」と記されているのだが、これは静子の勘違い。あるいは、何か事情があって脚色されたのだろうか。

荻野氏（前出）が調べたところによると、鳴尾の実家である谷口家があったのは「黒羽庄原」という場所。地図で確認してみると三谷家とは100メートルも離れておらず、三谷家の白壁の土蔵や母屋がはっきりと見える距離にある。ご近所なだけに、鳴尾と陳平は昔からお互いをよく知る幼馴染みだったのかもしれない。

また、うめの実家もこの集落だった可能性が高い。もらい乳をするのに、そんな遠くの家までは行かないだろう。鳴尾と陳平の噂も色々と耳にしていたはず。禁断の恋。退屈な田舎の集落で暮らす女たちには格好の話題になる。うめも事情をよく知っていたはずだ。それだけに静子が不憫でならない。

もしも、貰われていった先の家族が、冷徹で不人情だったらどうなるか。さらに不幸になってしまうのではないか？　乳を与えて日々育ってゆく静子を眺めていると、もはや他人という気がしない。自分がこの娘を幸せにしてやらねば。と、決心した。

うめの決心は生涯にわたって変わらなかった。昭和9年（1934）9月には京阪神地方が大水害に襲われ、２２００戸の家屋が流出する大災害が発生している。この時、静子は21歳。亀井家は大阪湾に近く運河に囲まれた南恩加島町に住んでいた。

大阪湾から押し寄せる高潮で運河の水があふれて街中は水浸しに。1階はたちまちのうちに水没した。うめと静子、幼い次男・八郎は2階に避難して助けを待っていたのだが、その間にも水かさはどんどん増して階段が水没。すぐそこまで迫っていた。安普請の長屋は水の圧力に悲鳴をあげて、ギシギシと不気味な音を立てる。いまにも倒壊しそう。親子は抱きあい、念仏を唱えながら恐怖に耐えていた。その時、

「何してるんや、早うここまで上がって来い」

隣家の屋根伝いに帰ってきた音吉が、2階の窓の上から顔をのぞかせて叫ぶ。真っ先に八郎が窓に駆け寄り、音吉がそれを屋根の上に抱きあげようとしたのだが、

「八郎より静子を先に逃がさないけません」

うめが叫んで、静子の救出を優先させた。どんな事態に陥っても、彼女は常に静子のことを最優先に考える。静子もまたその時のことをよく覚えており、思いだすたび目頭が熱くなったという。その絆は、実の母娘以上に強くて太い。

唄っていれば居場所が得られる

子どもの頃の静子は虚弱体質で病気をして寝込むことが多く両親を心配させた。小柄で痩(や)せており、正直、見栄えの良いほうではなかった。が、歌を唄っている時だけは輝きを放つ。下福島尋常小学校に入学すると、音楽の授業で静子の存在感が際立つようになっていた。クラス全員の合唱の中、彼女の歌声だけがよく響いて印象深い。

この娘の才能にうめは早くから気がついていたようだ。彼女自身が芸事は好きだったこともあり、静子がまだ4歳の頃から近所のお師匠さんのところに通わせ、踊りや三味線を習わせていた。音感は先天的なものではなく、環境によって育てられる才能だという。世界的なバイオリニストや指揮者の多くは、子どもの頃から音楽によくふれることで音感が研ぎ澄まされ、才能を開花させた。静子にもそういった環境が整っていたようである。

当時の亀井家には、経済的にも師匠さんを付けて芸事を習わせる余裕があった。夜遊び三昧(ざんまい)で妻子を寂しがらせていた音吉だが、仕事には手を抜かない。妻子に生活の不自由をさせることはなかった。

米屋の商売に深く関係する米価は、第一次世界大戦が勃発した直後に大暴落。植民地の朝鮮や台湾からの輸入量が増えていた時期でもあり、その後は何年も安値のまま推移していた。そのため庶民の消費量は増えつづけ、薄利ではあるが小売の商売はそれなりに繁盛。亀井家には幸福で平穏な日々がつづいていた。

しかし、大正7年（1918）に米価は上昇に転じる。大戦景気で農村の労働人口が都市部に大量流出し、その影響で生産量は伸び悩み需給バランスが崩れはじめた。これを見た地主たちは値上がりを期待して米を売り惜しみ、資本のある商人も買い占めに走る。そのため夏頃から米不足が顕著になって価格が急上昇。市場価格は前年の倍に跳ねあがった。

大阪市では米価の急騰を抑えようと、朝鮮から緊急輸入した白米を公設市場で廉価販売する措置を取った。しかし、その程度では焼け石に水。米価の上昇はつづく。音吉が営む米屋でも仕入れ値の上昇にあわせて、毎日のように値札の価格を書き換えていた。前年は1升（約1・5キロ）38銭だったものが7月には55銭となり、8月に入った頃にはついに60銭を超えてしまう。

品不足から店先にならぶ米俵の数はかなり減ったが、それ以上に客の数も減った。

昨年までは庶民も白米を腹いっぱい食べていたのだが、いまは買い控えて不足分を麦や雑穀で補うしかない。人々が店先の値札を凝視しながら通り過ぎる。日が経つにつれて、その目には怒りの色が濃くなっているような……。店番をするうめは、それを不気味に感じていた。

7月になると、富山県で困窮する人々が米問屋を襲って略奪する事件が起こった。これを発端に〝米騒動〟と呼ばれる騒ぎが全国に波及し、大阪でも8月9日に市内南部の今宮(いまみや)や天王寺(てんのうじ)で群衆による米屋の襲撃事件が発生する。数日後には暴動が大阪市内全域に拡大して、もはや警察だけでは騒ぎを抑えることができない。ついに陸軍の第4師団が出動する非常事態に発展した。8月14日には大阪市民の夜間外出を禁じる政令が布告されている。

米価の上昇は資本家の買い占めが主な原因で、零細な小売業者のせいではない。むしろ彼らも急激な価格上昇に翻弄(ほんろう)された被害者。だが、街中で目につきやすい米屋に群衆の怒りの矛先は向けられる。当然、音吉の店もその標的になっていた。

「昨夜は上本町(うえほんまち)のほうで3軒の米屋が襲撃されたそうや」

物騒な噂が次々に飛び込んでくる。放火されて全焼した店もあるという。今晩は自分の店がそうなるかもしれない。住居と兼用の店舗を襲われたら妻や子の命も危うい。

「子どもたちに万一のことがあったらあかん、お前が連れて逃げてんか」

音吉はそう言ってうめと子どもたちを外へ逃がし、戸締りを厳重にしてひとり店に残った。

静子の記憶では、それは大阪の米騒動が頂点に達した8月18日の出来事だった。うめは静子の手を引き背中に弟の八郎を背負い、店から近い安治川河岸の材木置き場に隠れる。落ちていた新聞紙や筵(むしろ)を敷いて、母子3人がそこに座り込んで夜を明かしたという。

この騒動では米屋だけではなく、あらゆる業種の店舗が困窮民や愉快犯たちの標的になっている。そのため、この夜の河岸には近隣の商店主やその妻子など多くの人々が避難していた。みんな暗闇の中で不安げに自分の店や家がある方向を眺めていた。

幸い店は襲撃を免れて、翌朝になると音吉が迎えに来て事なきを得たのだが。しかし、一睡もできずに過ごした恐怖の一夜は、静子のなかでいつまでも鮮明な記憶として残るトラウマになっている。また、音吉もこの騒動で米屋の商売に嫌気がさしてしまい、銭湯に転業すると言いだした。

讃岐地方の方言で、小賢(こざか)しく要領がいいことを「へらこい」という。典型的な讃岐人気質だといわれるが。音吉もその例にもれず、目先が利いて行動は早い。騒動の最中で次の商売についての目算を立てていたようだ。

　大阪市中の路地はどこも隙間なく住宅が建ちならんでいる。人口増加はつづき、空地が次々と長屋造りの家並みに変貌していた。当時の庶民で家に風呂があるというのは稀なだけに、銭湯はどこも繁盛している。大勢の人が住む街には不可欠の存在だった。大阪市域は拡大をつづけ、新しい住宅地があちこちにできている。新規参入者が事業をはじめるのに容易な状況。そこに目をつけて銭湯経営に転業することにしたのである。

　戦前はどこの商店でも、御用聞きが家庭をまわって食材や日用雑貨の注文をとり、それを配達して月末に売掛金を回収していた。店舗での売上よりも、そちらの収入のほうがずっと多い。音吉が営んでいた米屋も同じ状況だったろう。零細業者には商品を売ってから現金が入るまでのタイムラグが辛い。また、居留守を使ったり居直ったりして金を払わない客も多く辟易させられもする。そんな苦労をした者には、現金商売で日銭が入ってくる銭湯の商売が美味しく映る。

　しかし、どうやら音吉の目算は外れたようである。

「この商売も一つところでつづかず、十三、川口、恩加島、鶴町、南田邊と轉々とし、弟の八郎が十九歳の時、天王寺の東門近くで理髪店を出し風呂屋は店じまいしました。」

自伝はこのように綴ってあり、慣れない商売で苦労していた様がうかがえる。

現在は店舗の設備や調度品、食器などを残したまま売ったり貸したりする「居抜き物件」と呼ばれる飲食店が多くある。当時は銭湯にもそれが多く存在したようで、わずかな資本があればすぐに商売ができる。

それだけに新規参入のライバルも多い。大阪の銭湯経営者はその9割近くが北陸地方出身者で占められていた。成功した同郷者を頼って商売を始める者は、その伝手で良い条件の物件を借りて商売を始めることができる。北陸地方には縁故のない四国生まれの音吉はスタートから不利を強いられていたようだ。

少しでも条件の良い場所を探して、大阪市内を転々としながら銭湯の商売をつづけた。静子も転校を繰り返すことになる。下福島尋常小学校の2年生の時に曽根崎尋常小学校に転校し、その後は神津尋常小学校、本田尋常小学校、南恩加島小学校など6年間で4回の転校を経験している。

新しい環境に馴染んできた頃には、また見知らぬ別の土地に移って人間関係を再構築する。その繰り返しは子どもにとってかなり過酷だ。学年の途中の中途半端な時期の転校ともなれば、すでにクラス内での交友関係はできあがっている。そこに割って入り、自分の居場所を確保せねばならない。だが、それは彼女の将来には大きなプラスとなる試練だった。

米屋を営んでいた頃と比べて亀井家の経済事情は厳しくなったが、うめは子どもたちのために使う金は惜しまない。静子を芸事の稽古に通わせつづけ、その音感は研ぎ澄まされてゆく。あいかわらず、音楽の合唱では目立っていた。

「歌の上手な転校生がやってきた」

と、すぐに彼女の存在はクラスメートの間で認識されることになる。小柄で貧弱な転校生、何か特技でもなければ目立たない。音楽の才がなければ、忘れ去られて教室内では寂しいボッチの日々を過ごしていたのかもしれない。歌が彼女を救った。唄ってさえいれば、どこに行っても自分の居場所は確保できる。転校を幾度も繰り返すうちに、静子は自分の生きる術を磨いていった。

歌うことがますます好きになってゆく。学校から帰ってくると、銭湯の脱衣場でも歌や踊りを披露した。見ていた客たちが笑顔になって、

「お嬢ちゃん、上手やなぁ」

みんなが褒めてくれる。それが嬉しかった。有頂天になり、さらに張り切って声を張りあげる。もっと客たちを喜ばせてやろうと、歌い方や動きにも自分なりの工夫をしてみたりする。素人とプロの歌手の違いは、客を前にして歌う場数の差だといわれる。場数を踏んだプロの歌手は、客の心をとらえる術を知っている。静子は知らず知らずのうち、脱衣場の単独ライヴでそれを会得してゆく。

戦前の道頓堀はジャズのメッカだった

静子が銭湯の脱衣場で客を相手に唄っていた頃、酒場や富裕層の家では蓄音機をよく目にするようになった。レコードの販売数も急増していた。90年代のインターネットと同様、大正時代のレコード産業は新しいメディアとして注目されている。新興のレコード会社が続々と創設される成長産業だった。

大正3年（1914）に発表された松井須磨子の『カチューシャの唄』もレコード化されてロングランの人気を誇っていた。それまで演歌師が酒場や街頭で唄っていた曲が、レコードによって広く全国に普及するようになっている。大衆歌謡が〝流行歌〃などと呼ばれだしたのもこの頃。西洋音楽の技法を取り入れるようになりバリエーションはしだいに豊富になっていた。大正時代後期には竹久夢二（たけひさゆめじ）の詩に曲をつけた『宵待草』、北原白秋（きたはらはくしゅう）による『さすらいの唄』『城ヶ島の雨』など抒情（じょじょう）豊かな流行歌を人々がよく口ずさんでいた。また『コロッケの歌』などコミックソングも多くレコード化されている。

静子がレパートリーとしていたのは主に小学校で習っていた唱歌だったが、客のリクエストに応えてこれらの流行歌を唄うこともあったかもしれない。

日本で製作される歌謡曲や浪曲のレコードの他にも、欧米から原盤を輸入した西洋音楽のレコードも数多く発売されるようになる。これまで日本人に馴染みのない新しい音楽の普及にもレコードがひと役買っていた。

ジャズもよく聴かれるようになっている。大正時代にはダンスホールやカフェーなど、夜の街にも新しい風俗が生まれていたが、そこで好まれる音楽は目新しく刺激的なジャズの音色だった。レコードをかけるだけではなく、日本人によって結成されたバンドが演奏するホールも増えている。

大正12年（1923）に関東大震災が発生して東京が壊滅すると、多くの企業が本拠を移した大阪が日本経済の中心に。また、多くの文化人が関西に移住し、流行・文化の発信地にもなっていた。東京の歓楽地から焼けだされた多くのジャズミュージシャンたちも大阪に移り住み、道頓堀のダンスホールやバーで活動を再開している。

「道頓堀を、ニューオリンズのようだと思った一時期がある。大正の末のころのことだ。」

この後に静子の運命に大きく関わってくる作曲家・服部良一は、自著『ぼくの音楽人生』の冒頭でこのように記している。

服部は小学校卒業後に大阪電通に就職し、夜は商業学校で学ぶ苦学生だった。商人として自立して金を稼ぐという将来設計をしていたが、商売が好きというわけではない。商都・大阪に生まれた男ならそう考えるのが普通、大勢に流されていただけ。しかし、仕事と勉強を両立するには強固な意志が必要になる。他人の意見に流され惰性でつづけられるほど甘くはない。やがて疲れ果て仕事をやめて、学校もサボり気味に。このままではまずいと思っていたところで、

「今度うちで少年音楽隊を作るから、あんたも応募してみたらどうや？」

天下茶屋の鰻店『出雲屋』で働いていた姉がそう言ってきた。近く出雲屋少年音楽

隊なる楽団が結成されて団員には給料も支給されるという。

三越(みつこし)や松坂屋(まつざかや)などの百貨店が次々に少年ブラスバンド隊を結成し、大売り出しの際などに演奏を披露するようになっていた。少年楽団は当時の流行、音楽好きだった出雲屋の若旦那(わかだんな)がこれに感化されて「うちでもやろう」と言いだしたのだとか。出雲屋は多くの支店や系列の飲食店を経営する大手だけに資金は潤沢だった。

服部は小学校時代から合唱やハーモニカが得意で、校長が転勤する時には自作の曲を披露して学内で評判になったこともある。楽器を与えられ好きな音楽をやりながら小遣いまでもらえるというのだから、これは美味(おい)しい。すぐに応募して団員に採用された。

出雲屋少年音楽隊でサックスやフルートを担当して技術を身につけ頭角を現した。大正14年（１９２５）に少年音楽隊が解散すると、大阪フィルハーモニック・オーケストラにスカウトされる。ここに指揮者としてロシアから招かれたエマヌエル・メッテルに見込まれ、本格的な音楽理論や作曲の指導を受けるようになる。

オーケストラ団員の月給は60円。少年音楽隊では月額25円だったから、収入は一気に2倍以上に増えた。当時の大卒初任給は50円程度、学歴のない18歳の青年には身に

大正時代初期の道頓堀（国立国会図書館所蔵）

余る高待遇だ。大金を手にして気も大きくなり、夜遊びにでかけるようにもなった。

どこのダンスホールも中2階にはカーテンが張られて、その奥でバンドがジャズを演奏している。ダンスホールだけではない。2つ以上の楽器があればジャズの演奏は成立する。オーケストラのように場所を選ばず、わずかなスペースがあればどこでも演奏して聴かせることができる。ミシシッピー川を下るショーボートのように、道頓堀川に浮かべた屋形船の上でもバンドがジャズを奏でていた。ネオンの灯が煌めく川面にサクソフォーンの音色が響く。服部はそこにニューオリンズを垣間見た。

バンドは最初のうちだけコードにあわせて演奏するが、そのうち、それぞれの楽器が競うようにしてアドリブ演奏が始まる。少人数で編成されたバンドは客との距離が近く、奏者は人々の反応にあわせて即興で音を創りあげてゆく。

「ジャズっていうのは、面白い音楽だな」

道頓堀に通いつめるうち、服部はしだいにこの新しい音楽のとりこになってゆく。新しく華やかな奏法に魅せられた。足繁く道頓堀に通っていると、奏者たちとも親しく口をきくようになる。やがてバンドのメンバーから誘われて演奏に加わった。昼間はオーケストラで交響楽を演奏し、夜はダンスホールでジャズバンドのアルバイトをするようになる。ジャズの演奏に欠かせないサックスが吹ける彼は即戦力として重宝された。

モダンでノリの良いジャズは大衆に好まれる。いずれは日本の大衆音楽の主流になるだろう。と、自ら客の前でジャズを演奏するようになってからはそれを確信する。

予感は的中した。大正時代末期になると、日本人バンドや来日したアメリカ人やフィリピン人のバンドの演奏によるジャズのレコードが多く発売されるようになり、これがよく売れた。また、流行歌にも〝ジャズ調〟といわれる曲が増えている。昭和3年（1928）には二村定一(ふたむらていいち)の『アラビアの唄(うた)』が大ヒット。同年には『道頓堀行進曲』が松竹(しょうちく)の各劇場で幕間劇のテーマ曲として流され、これがミナミの盛り場で大いに流行(はや)った。

服部はピアノやボーカルまでこなすようになり、ダンスホールではますます重宝される存在に。道頓堀界隈(かいわい)ではよく知られるジャズメンになっていた。凝り性の勉強家である彼は、アメリカから輸入された譜面やレコードを買い漁(あさ)り、それを自分で編曲してレパートリーを増やしていた。ますますジャズにのめり込んでゆく。商業学校はなんとか卒業したが、もはや商人になる気など毛頭ない。音楽で食べてゆく決意は固まっていた。

その頃、静子にも人生の転機が訪れていた。彼女は昭和2年（1927）に南恩加島尋常小学校を卒業している。いつまでも銭湯の脱衣場で唄っている場合ではない。義務教育を終えて、将来のことを真剣に考えねばならぬ年齢になっていた。

静子と服部。やがてふたりの運命の糸は交差して、日本中を熱狂させる名コンビになるのだが……それには、もう少し時を待たねばならない。

第二章　異才を放つ下町育ちの歌姫

宝塚音楽歌劇学校を受験

大正時代後期には高等女学校への進学率が15％に達していた。大阪など都市部の進学率はさらに高く、庶民の娘が女学生になることもさほど珍しくはない。銭湯の商売は不調だったが、亀井家には静子を女学校に通わせる程度の余裕はある。しかし、

「あんたには、無理に上の学校は勧めない」

小学校の担任教師からそう言われた。女学校には入学試験がある。授業料の安い公立校は受験者も多く、それなりに狭き門。静子は音楽と算術で最上の「甲」の成績だったが、それ以外の教科は惨憺（さんたん）たるありさま。学習意欲は低く、やる気がまったく見られない。これでは教師も進学を勧める気にはなれなかったのだろう。

「器用だから芸の修行をするか、まあ、物覚えも良いほうだから看護婦には向いてるかもしれへんなぁ」

というアドバイスをもらって、進路指導は終了。家に帰ってそれを伝えると、両親は腹を抱えて笑い転げた。

「へんなこと言う先生やな、物覚えが良いだけで看護婦になれるもんなんか？」

そこが笑いのツボだったようである。普通なら深刻になる子の進路問題だが、そこに笑いの要素をめざとく見つける。関西人気質だろうか。

亀井夫妻が静子の将来に無関心だったわけではない。が、自分たちの望みや都合を押しつけて彼女の進路を指図するようなことはしない。静子が本当にやりたいことがあるのなら、それをサポートするだけというスタンス。鷹揚（おうよう）にかまえていた。

「そういえば、先生は芸の修行も勧めてはったなぁ」

散々笑った後に、うめはそれを思いだした。自分でも前々からそれは考えていた。静子には唄や踊りの才能があるから、芸妓（げいぎ）になるのが良いかもしれないと。他人にも才能を評価されたことで、親のひいき目ではなかったことを確信した。

うめは昔から踊りや唄などの芸事が好きで、音吉と結婚していなければ芸で身を立てたかもしれないと思うことがある。自分が実現できなかったもうひとつの将来。娘がそれをめざすのなら、できる限り応援してやろうと知人の伝手（つて）をたどって情報を集める。宝塚（たからづか）少女歌劇団の養成所が生徒を募集しているという話を耳にして、

「あんたも試験を受けてみたらどうや？」

それを勧めてきた。静子も宝塚少女歌劇団の名前は聞いたことがあるのだが、実際

にショーを見たことはなく詳しいことは何も知らなかった。

教師が勧める看護婦の仕事はまったく興味がなく気乗りしない。それでいつまでも動かないでいると、母が芸者置屋に話をつけてきたりしそうだし……。正直、そっちはもっと嫌。芸者には絶対なりたくない。

「しゃあない、宝塚を受けてみようか」

芸者になるよりはマシ。と、少女歌劇団の養成施設である宝塚音楽歌劇学校に願書を出した。自分にある唯一の才能を使って金を稼ぐ、それには少し興味がある。また、女学校に入った者たちを見返したいという思いが強くなっていた。

阪急電鉄は沿線の宝塚に温泉地を開発し、そこに大衆娯楽の拠点を建設しようとしていた。「少女歌劇」はその目玉であり、大正2年（１９１３）に結成された「宝塚唱歌隊」を発展させたもの。日本には昔から女歌舞伎や女義太夫など男装した女性たちが演じる芸能があった。そのあたりから着想を得たのだろうか。

結成の翌年には第1回公演がおこなわれた。大勢の少女たちが演奏にあわせて踊ったり合唱したりするショーは、当時としてはかなり斬新だ。たちまち話題になり、客足は伸びつづけた。大正7年（１９１８）には東京に進出して帝国劇場で公演がおこなわれ、その後も公演数は増えつづけている。団員をもっと増やさねばならない。その養成を目的に大正8年（1919）には宝塚音楽歌劇学校（現在の宝塚音楽学校）が創設される。現在とは違って当時の入学年齢は13～19歳。小学校を卒業すれば受験できた。

昭和2年（1927）9月に日本初のレビュー『モン・パリ～吾が巴里よ！～』を上演すると、これが大評判になって少女歌劇の認知度が一気に高まった。宝塚に憧れる少女が増えて、音楽学校の志願者も急増するようになる。

静子が受験したのは『モン・パリ』が上演される半年ほど前のことで、志願者もまだ多くはない。さほど狭き門ではなかったようだ。

小学校の合唱ではいつも「上手」と褒められてきた。静子が唄えば、他の生徒たちの存在は霞む。父母や近所の人々も、合格は間違いないと太鼓判を押してくれていた。本人も内心ではそう思っている。試験会場に集まった同世代の娘たちを眺めまわし、歌うことなら自分が一番だろうと自信満々だったのだが……。受験科目に歌や踊りの実技はなく、これにはガッカリ。それでも常識問題の筆記試験と面接をパスして、あとは最終試験を残すだけ。

しかし、最後の体格検査で「不適格」と判定されてしまう。昭和20年代に雑誌で公表された彼女の身長は4尺9寸6分（150・3センチ）。小学生の頃もクラスではいちばん小さく、朝礼では最前列が彼女の定位置になっていた。おまけに虚弱体質で痩せている。この体格ではハードなレッスンには耐えられないと学校側は判断したようである。

不合格を告げられて意気消沈。落ち込んで肩を落とし駅へと向かう道すがら、おそろいの制服を着た宝塚の生徒たちとすれ違う。彼女たちの楽しそうな姿が癪に障った。歌で勝負させてもらえれば自分は絶対に負けない、あの制服を着てこの道を歩き学校に通っていただろう。そう思うと、悲しさよりも悔しいという思いが強くなる。

当時の宝塚音楽歌劇学校は、変な知識やクセのついていない未経験の少女たちを一から育てるという方針で実技試験を実施しなかったという。それを知らない静子からすれば理不尽に思えた。「音楽歌劇」という看板を掲げた学校で、歌や踊りの試験をやらないというのがどうも納得いかない。

成長するにつれて、静子は負けん気の強さが目立つようになっている。生まれもっての気質なのか、転校を繰り返した過酷な状況に育まれたものかはわからない。

宝塚音楽歌劇学校の入学試験風景（昭和８年〈1933〉撮影／共同通信社提供）

自伝の最終章「歌姫の構圖　僕の私の見た彼女」では、各界の著名人が彼女について語っている。そのなかで映画・演劇評論家の旗一兵(はたいっぺい)は、

「なかなか人を信用しないが、信用するとベタベタになる。裏切られた時の怒りも凄(すさ)まじい」

と、評しているのだが、この時の反応がまさにそれ。

最初はあまり関心のなかった少女歌劇だったが、学校の門を潜(くぐ)るとその気持ちに変化が現れる。敷地にはいたるところ花壇があり、美しい花が咲き誇っていた。自分が暮らすゴチャついた下町の路地とは別世界。校舎の中からは生徒たちの歌声が響き、風景はいっそう美しく輝いて見えた。この仲間に入って歌いたい。そう思った矢先に入学を拒絶されたのだから、可愛さ余って憎さ百倍。裏切られた時の怒りは凄まじい。その凄まじい怒りのエネルギーが、この後に大胆な行動を起こさせる。

宝塚不合格で負けじ魂に火がついた

「あんなところ好かんから、やめてきた」

家に帰ると報告を待ちわびていた両親にそう告げる。不合格だったと言わない。や

っぱり、負けず嫌いの見栄っ張り。つづけて、

「松竹演劇部のほうがうちには合っていると思うんや、そやから、帰る途中に願書出してきたんやけど」

などと言いだす。道頓堀の松竹でも少女歌劇団が創設され、研修生を募集しているという噂を聞いたことがあった。願書を出してきたというのは嘘だが、帰りの電車の中でそのことを思いだした。宝塚がダメなら松竹がある。と、すっかりその気になっている。

物事を割り切って考える合理主義者。と、後の彼女にはこのような人物評もついてまわるようになるのだが、この頃もすでにその片鱗が垣間見られる。終わったことをいつまでもくよくよ嘆いてもしょうがない。さっさと切り替えて、今後のことを思案していた。

そして思い立ったら行動も早い。宝塚を不合格になった数日後には、ひとりで道頓堀に出かけ松竹座の楽屋を訪れている。松竹楽劇部の研修生を志願したのだが、小学生がいきなりアポ無し訪問しても相手にはされない。この時も門前払いされる。しかし、それくらいで静子は諦めない。翌日も松竹座に押しかけてきた。

根負けした事務員が彼女を応接室に通し、事の詳細を音楽部長の松本四郎に伝えた。小学校を卒業したばかりの娘が、単身で乗り込み自分を売り込むなんて前代未聞のことである。その度胸に感服した松本は興味をそそられて会ってみることにした。

松本が応接室に入る。静子はペコリと頭を下げて挨拶(あいさつ)をすると、すぐに堰(せき)を切ったようにしゃべりだした。体格を理由に宝塚を不合格にされた悔しさをぶちまけた。

「こうなったら意地でも、道頓堀で一人前になってやろうと思ってまんねん」

と、身を乗りだして採用を懇願する。小柄で地味、黙っていれば目立たない。それがしゃべりだしたとたん、表情が豊かになって喜怒哀楽の感情があふれでる。しだいに身振り手振りのアクションが大きくなり、小柄な彼女が大きく見える。

「ようしゃべる娘やなぁ」

松本は半ば呆(あき)れ顔(がお)でそう言ったが、何かを感じていたようでもある。クセが強いキャラクターだが、面白い。モノになるかもしれない、と。

「そんなにしゃべれるのやったら、体も悪いところはないやろ。明日からうちに来てみなはれ」

彼の独断で採用が決定。研修生として松竹楽劇部に所属することになった。

松竹の歴史は明治28年（1895）に創業者の大谷竹次郎が京都・新京極坂井座の興行主になったことから始まる。日本で最も古い歴史を有する老舗の興行会社だった。歌舞伎の興行を独占し、大正時代には新派に演劇や映画製作などあらゆる方面に手を広げる多角経営に成功。東京や京阪神に多くの直営の劇場を所有する巨大企業になっていた。

松竹でも宝塚少女歌劇の成功に影響されて、大正11年（1922）に松竹楽劇部生徒養成所を開設し、団員の補強を目的に研修生を採用するようになっていた。しかし、老舗の興行会社なだけに、今風でモダンな宝塚とは雰囲気や研修システムはかなり違う。古い体質を引きずっている。研修生たちは松竹座などの楽屋に通い、先輩たちの芸やこの世界の仕来りを学ばされた。

楽屋では先輩後輩の上下関係が厳しく、静子のような新入りは楽屋掃除や化粧道具の手入れにくわえて、先輩の買物や用事で付人のようにこき使われる。仕事の合間には歌や踊りの稽古もあり、朝から晩まで休む暇がない。かなりハードだったが、自分から押し掛けて入っただけに弱音は吐けない。必死に耐えた。

負けず嫌いな性格は、人に叱られることが大嫌い。頭を下げて謝罪するのは嫌だ。だから叱られる前に状況を察して行動しようとする。注意深く先輩たちを観察して些細なことにも気を配った。また、彼女自身が潔癖症なところもあり、部屋が汚れて散らかっているのは許せない。そのため朝早くから楽屋に入って、隅々まで徹底的に掃除した。

少女歌劇に憧れて入ってきた〝お嬢様風〟な他の研修生とは違って、工場地帯の下町育ち。静子はそんな自分の性分を隠さない。周囲にあわせようという気はなく、どう思われていようがぜんぜん気にしていない。それだけに、おっとりして上品な感じの娘たちのなかで、せっかちでガサツな言動がかなり異彩を放っていたようだ。

すでに舞台を経験しているような上級生が40名程度。それが正規の研修生であり、静子を含めた40～50名の新人は〝仮入所〟の扱い。1カ月ごとにふるいにかけられ、半年もすれば半分も残っていないという厳しい世界だった。

静子はそこで生き残るために必死だった。バタバタと騒々しい足音を立てながら、先輩たちの雑用で劇場内を走りまわっている。一切手を抜かずいつも全力。走りまわりながら大きな声で歌うこともある。本人は時間を惜しんで稽古しているつもりなのだが、

「あんたが来てから、楽屋がうるさくなったなぁ」

先輩たちはそう言って笑った。〝豆ちゃん〟というニックネームで呼ばれ、妹のように可愛がられていたという。劇団内でそれなりのポジションを得て余裕のある者たちからは、その懸命さが健気で可愛いと映るようだ。

雑用に走りまわるだけではない。静子は先輩たちの舞台を熱心に見学して学んだ。台本も隅々まで暗記している。何かアクシデントが起きて誰か休演すれば、すぐに代役ができるようにとその準備を怠らない。

楽屋の仕来りなどをひと通り覚えて慣れてくると、静子の行動はさらに大胆になる。他の研修生たちを押しのけて雑用を一手に引き受けるようなこともやる。

芸の実力だけでは、良い役はもらえない。新人は先輩や演出家に自分の存在を知ってもらい、可愛がられるようにしなくては。それがこの世界で生き残る術。誰かに教えられずとも、日頃から楽屋に出入りする人々を注意深く観察していればすぐに分かることだ。しかし、それが正解だと分かっても、周囲への忖度などから行動に移すことを躊躇する者は多いのだが。静子にはそれがない。

昭和2年（1927）8月には、大阪松竹座の『日本八景おどり』で初舞台を踏むことになった。華厳の滝に砕け散る水玉というのが役どころで、舞台の上手から下手に両手をひろげて走るだけ。一瞬で出番は終わってしまう端役ではあるのだが、研修生になってから半年余りで舞台デビューはかなり早い出世だった。この時に「三笠静子」という芸名をもらっている。その後も休演者がでると、

「それなら豆ちゃんにやらしなはれ」

と、先輩たちが演出家に推薦してくれる。そのおかげで、多くの出演機会を得ることができた。

静子はいつも明るくバイタリティーにあふれている。いかにも関西人っぽいあけっぴろげでサバサバ系の性格。というのが、後に世間一般で定着する彼女のイメージ。それも間違いではないのだが、深くつき合った人々にはサバサバ系の印象が薄くなり、生真面目なところが目についてくるという。また、自分のルールとあわない人物は認めない頑固なところがあり、とくに芸に関することには厳しい。

松竹は老舗なだけに、先輩後輩の序列が厳しく礼儀にうるさい。芸人や裏方にも生涯をこの道に賭けたベテランが多く、ストイックな修行に明け暮れている。芸能界のことを何も知らない無垢な少女は、そこで見たもの聞いたものを女優や芸人の〝あるべき姿〟と信じ込む。自らもそうなろうと必死に努力した。

現在の大阪松竹座（大阪市中央区）

生真面目で頑固な性格ゆえに、それがこの世界のルールだと思ったらそれを頑なに信じて貫き通す。時代や状況が変わると、それでは不都合なことも起きてくるのだが。しかし、彼女に臨機応変を求めるのは無理。軌道修正ができない。芸は器用にこなせても、生きることには不器用なのだろうか。

自分と違うルールで生きる者への忖度や配慮ができない。それゆえ敵も多くなる。シズ子が先輩たちの雑用を一手に引きうけているのを快く思わない者がいる。それが先輩の推薦で次々に役を貰うものだから、当然のこと妬まれもする。

「先輩に媚びて役もらって、ずるい娘やなぁ」

とか、狭い楽屋だけに悪口はすぐに本人の耳に入る。たしかに、媚びていると言われたらその通り。目立って先輩たちの歓心を得ようというスタンドプレーであることは間違いない。だが、悪い事だとは思っていない。それがこの世界で出世するための勝利の方程式。ルールに従って競争しているのだから、他の研修生に遠慮する必要はない。出世したいのなら自分たちもそうすればいいのだ。やらないほうが悪い。すべて負け犬の遠吠えと、陰口や批判はどこ吹く風と聞き流す。

上昇志向がない者を静子は嫌悪していた。潔癖症でもあるだけに、ルールに反する者も許せない。私生活が乱れて修行を怠るような者は徹底的に軽蔑する。研修生の仲間に金持ちの愛人になったと噂され、贅沢な服を着て金遣いが荒くなった者がいた。それに対して静子は、

「なんやのそれ、だらしない」

と、手厳しく切り捨てる。そこに何かの事情があったのかもしれないのだが、その後は彼女に関する噂話を聞く耳もたず遮断した。自分と違うルールに生きる者と、分かりあうつもりはない。割り切っている。

世渡り上手といわれる人は、嫌いな相手でも本心を隠して波風立てずに上手くつきあうものだが。それができない。やはり、人づきあいに関してはかなり不器用。ひとつのことに集中していると他の事に思いが及ばなくなる。

凄まじい集中力は大業を成すのに必須の資質だが、それは両刃の剣。静子もそれは悟っていたのかもしれない。しかし、頑固者の性分は変わらない、変えられない。早く一人前になって、もっといい役をもらいたい。そのためには、分かりあえない者たちと争っているような時間はない。芸を磨くために、1分1秒を惜しんで稽古に集中した。

昭和3年（1928）3月には『春のおどり』で〝黒い蝶〟の役をもらった。それなりに目立つ役どころ。このレビューは興行的にも大成功を収めている。童話的で柔らかな雰囲気の宝塚とは違って、松竹のレビューは激しくダイナミック。同じ少女歌劇でもかなり違う。観客たちはリズミカルなラインダンスに魅了された。

だが、松竹少女歌劇のダンスに対する評価が高まるにつれて、静子は自分の踊りに限界を感じるようになっていた。猛練習と舞台の場数を踏むことで、ダンスはめきめき上達しているのだが。身長が伸びない。後から入ってきた後輩たちにも追い抜かれてしまった。

先輩たちからはあいかわらず〝豆ちゃん〟と可愛がられるが、これでは舞台で見栄えがしない。同程度のダンスのスキルを持つ者同士だと、やはり、身長があって手足が長いほうが美しく見える。何事にも見切りをつけるのは早い彼女はダンスを諦めて、そのぶん得意な歌に集中してスキルアップをめざすことにした。

自分の歌のレッスンが終わっても、こっそりレッスン場に残って他のクラスのレッスンに交じって唄ったりもした。稽古のやりすぎでよく喉を潰したが、声量は豊かになりその歌声は存在感を放つようになる。ダンスがウリの松竹楽劇部では、皆が踊りの練習に熱中して取り組んでいる。歌うことよりも踊るのが得意という者が大多数。

それだけに静子には希少価値がでてくる。

人生最大の衝撃に襲われる

月日は流れ静子は17歳になった。女学校に入学していればそろそろ卒業を迎える頃、親類や知人から縁談話が持ち込まれる年齢である。しかし、彼女は歌の練習と舞台に明け暮れる忙しい日々、異性に関心を抱く余裕すらなかった。

研修生から楽劇部に正式採用されて、いまや松竹少女歌劇の舞台には欠かせない存在になっている。この世界で生きてゆくために、歌の練習にはいっそう熱心に取り組んだ。重要な役を任されることも増え、舞台稽古にも長い時間をとられるようになっていた。2週間に及ぶ公演が終わった頃にはいつも心身ともに疲労困憊（こんぱい）して倒れそうになる。

もともと体が丈夫なほうではない。オーバーワークがたたり、気管支を悪くして寝込んでしまう。当分の間、舞台を休演するしかない。心配したうめは静子と弟の八郎を連れて帰郷することに。大阪にいるよりは、空気のきれいな四国でしばらく静養させたほうがいいと考えたようだ。

引田から5～6キロほど西に、白砂青松（はくさせいしょう）の美しい眺めが広がる景勝地・白鳥（しろとり）海岸がある。昭和時代に入って付近に駅が開設されると、行楽客が増えて駅前には旅館や土産品店が建ちならぶようになった。うめは実家に寄らず、ここで親子3人滞在することにした。

今回の帰郷について、親族たちには告げていない。静子の生家である三谷家に知られるのを避けたかった。静子が産まれて間もなく、実父の三谷陳平は病に倒れて亡くなっている。すると、静子の存在を無視していた三谷家の態度が豹変（ひょうへん）。実家に帰省する都度、彼女を屋敷に連れて来るよう催促するようになった。

静子の祖父・三谷栄五郎は乃木（のぎ）大将のような長い白髭（しらひげ）をたくわえて、威厳を感じさせる人物だった。静子が習ったばかりの唄や踊りを披露すると、その時だけはこの老人も厳しい風貌（ふうぼう）を崩してデレた笑顔をのぞかせる。亡き息子の忘れ形見。そう思うと情が湧いてくるのだろう。

しかし、静子が成長するにつれて、うめは色々と理由をつけて屋敷に行かせるのを断るようになった。小学校に入ってからは三谷家に行った記憶がない。

うめは静子が自分の出生の秘密を知ることを恐れていた。

現在の引田駅（香川県東かがわ市）

これまでは親戚（しんせき）ということにして、三谷家の人々にも本当のことを口外せぬよう約束させていたのだが。誰かがうっかり口を滑らせることもある。それが怖い。小学校に通うような年齢になれば、誤魔化すことが難しくなってくる。

うめには唯一無二の最愛の娘。静子も自分のことを信頼し愛してくれている。この秘密を知られたら、そんな関係にヒビが入るかもしれない。それは絶対に避けたかった。秘密は自分が墓場まで持っていく。そう心に誓ってこれまで細心の注意を払ってきたのだが、その努力は水泡に帰することになる。

引田でメリヤス工場を経営するうめの兄が、彼女らが白鳥にいることを聞きつけてやってきた。静子には伯父（おじ）にあたる。地元で商売をしているだけに顔が広いこの人物には、帰郷を隠し通すことは難しかった。ちょうど数日後に実父・陳平の十七回忌の法要が行われることもあり、

「実の娘が近くにいて法事にも顔を出さないなんて不義理をしちゃいかん」

そう言って迫ってきた。うめの心情は理解しているのだが、現代とは違って仕来りや掟（おきて）には情を抑えて従うことが求められる。人づきあいが濃密な田舎なだけに、不義理者と思われては死活問題。親族のしでかした不義理や非常識が自分にも累が及ぶこ

ともある。伯父はそれを避けたかったのだろう。

執拗な説得に、うめもとうとう屈した。静子が法事に出席することを了承してしまう。間が悪いことに音吉から早く戻ってくるように催促がきて、静子をひとり残しうめは八郎を連れて先に大阪へ戻ることになった。自分が見ていないところで三谷家の親族たちが静子に何か吹き込んだりしないかと、不安でしょうがなかったのだが。銭湯の商売は忙しく、自分がいつまでもここに居るわけにはいかない。

静子はひとりで残り、引田の伯父宅で寝泊まりしながら法事に出席することになった。久しぶりに訪れた屋敷に入ると、広間を埋め尽くして大勢の人々が座っている。豪華な料理もふるまわれた。じつはこの屋敷は借金のために人手に渡っており、祖父たちは隣の小さな離れに住んでいるという。法事のためにこの日だけ母屋を借り、無理をして料理や酒をそろえたのだろう。名家は没落していたようだ。

静子からすれば、そんな事はどうでもいい話。もう10年以上も行き来していない縁遠い親戚だと思っていただけに……しかし、その法事になぜ自分だけが呼ばれるのだろう。腑に落ちない。

彼女が少女歌劇の舞台に立っていることは地元でも知られている。つまり、親戚筋の有名人を法事に出席させて、没落した名家の面目を保つということか。と考えて、一応は納得していたが、すぐに自分がここに呼ばれた本当の理由を知ることになる。法事の同席者たちから求められて、レビューの踊りや歌を披露した。みんな大盛りあがりして喜ぶ。しかし、酒が入って口が軽くなっていたようで、

「見事なもんやなぁ、あの時の赤ん坊が立派になって」

「陳平が生きとったら、きっとこの娘を家に呼び戻していただろうになぁ」

などと、言ってはならない事をしゃべる者がでてくる。うめは伯父に出席者たちの口止めを徹底するよう言い含めていたが無駄だった。不審に思った静子は、法事を終えてから従姉妹や伯母を激しく問い詰めた。その勢いに気圧された伯母が出生の秘密をしゃべってしまう。

母も父も弟も、家族がみんな自分と血の繋がらない他人だったとは……これまで信じてきたものがすべて崩れ落ちたような、言葉にできない衝撃をうけた。

事実を知った日の夜は一睡もできなかった。朦朧としながら朝を迎えて、ふらふらと家を出てあてもなく街をさまよい歩いた。そして町外れの川に辿り着き、衝動的に川に入ってしまう。肩まで水に浸かり、川から上がった時には髪も着物もずぶ濡れ。その姿で河畔の土手を走りまわったというから、誰かに見られていたら大騒ぎになっ

ただろう。いったい何がやりたかったのか、自分でもわからない。尋常な心理状態でなかったことは間違いない。

静子は感情の起伏が激しく、突拍子もない行動にでることが時々ある。反面、切り替えの早いサバサバ系。後悔や未練をいつまでも引きずらない。悩んでいるよりは、悩みの原因を解決するために動こうとする。この時もそうだった。

水に浸かり頭が冷えて平常心を取り戻したところで、これから自分はどうするべきか？　と、考えてみた。実父の陳平は亡くなったが、実母はまだ生きているという。まずは彼女と会って話してみることにした。何故、自分を捨てたのか？　理由を本人の口から聞かないことには納得ができない。このまま何もせず大阪に帰れば、後々に絶対に後悔する。

生みの親と育ての親から受け継いだものは……

静子は伯母をさらに問い詰めて、実母である鳴尾の居場所をしゃべらせた。彼女はいま引田の街中に住んでいるという。古びた小学校校舎の裏手にその家はあった。鳴尾は陳平の死後すぐに結婚したが、その夫の姓も「三谷」だった。田舎の集落に同姓は多い、これは偶然の一致だろうか。それとも、三谷家が罪滅ぼしにと縁者に嫁がせたのか？

静子が意を決して格子戸の隙間から声をかけると、中から女性が5～6歳くらいの男の子の手を引いて出てくる。

「あんたはんでしたか……」

それが鳴尾の第一声。引田はさほど広い街ではない。亀井夫妻に連れられて帰省した静子を見かけることもあったのだろう。玄関先に立っている静子を見て、すぐに自分の娘だと気がついたようである。

家の中に通されるが、お互い何を話せばいいのか。気まずい沈黙がつづく。十数年ぶりの対面で緊張していたこともあったのだろうが、実母は顔色が悪く陰気な雰囲気を漂わせる女性だった。小柄で痩せ細った体がその印象を強める。この体格は静子も受け継いでいる。自分はこの人から産まれたのだと思えてきた。長い沈黙の後、鳴尾がぼそぼそとしゃべりはじめた。

「わては、若い頃にあちこちで女中奉公してましてな、あんたが小さい頃にもようお守りをしました」

などと嘘で塗り固めた話ばかりで、自分が実の母親だとは絶対に言わない。涙を見せることもなく、その表情はほとんど動かない。松竹に入ってから静子は人をよく観察するようになっていた。相手が何を考えているのか、言葉に出さない感情や意図を機敏に察して先に動く。下積み時代の楽屋で会得した技なのだが、能面のような鳴尾の表情からは、何も察することができなかった。

静子にもそういったところがある。神経質で色々と気に病むことは多いのだが、人前ではけしてそれを表にださない。他人を信用していないだけに、自分の弱みを知られたくないのだろう。「明るい」「ガサツ」「さばさばしている」などと人からよく言われる性格も、弱い自分を隠すための演技？　そう思ったりもする。

鳴尾と対面してから数日後、静子は大阪に帰って仕事に復帰した。伯父や伯母は自分たちの失態をうめに知られることを恐れて、絶対にこの事を話さないようにと何度も口止めしてきたが。言われずとも話す気など毛頭ない。

静子はこれまでと変わらぬ態度で家族と接した。それを見て、うめも「約束は守られた」と安堵（あんど）する。お人好（ひとよ）しのうめを騙（だま）すことは簡単だ。が、騙しているという負目がずっとついてまわる。それを隠して平静を装いつづけるのは苦しかった。

自分と会った時の鳴尾も、あの無表情の裏側で沸き起こる感情を必死で抑えていたのだろうか。そんなことを考えたりもする。しかし、彼女の本意はまったく分からない。やっぱり、自分とあの人は似ているのかもしれない。自分はあの人から産まれたのだと確信するようになっていた。

だからといって、うめに対する信頼や愛情が揺らぐことはない。自分の母親はこの人だけ。その思いは変わらない。何を考えているか分からない実母とは違って、うめは分かりやすくたっぷりの愛情を注いでくれる。この世で一番、自分のことを愛してくれている人だ。それは間違いないのだから。

静子にはこの育ての親から受け継いだものも多くある。うめは苦しみや悲しみを笑い飛ばして忘れてしまうタフで明るい女性だった。人情に厚く困った人をほってはおけないおせっかい。そんな性格だから多くの人に好かれる。

自分も他人からそんなふうに見られたい。と、憧れてもいた。静子は味方と思う人々には深い愛情を注ぎ、恩をうけたら倍にして返す義理堅さがある。このあたりは、うめの影響が大きかったのだろうか。

また、静子の後天的な性格には、父の音吉から譲り受けたものも多い。米屋の商売にさっさと見切りをつけて銭湯に転業するあたり。後先考えないようなところはあるが、果敢な行動力と決断力は静子も受け継いでいる。それにくわえて、いつも忙しなく動きまわるせっかちなところまでそっくり。

余談だが、この父娘については面白いエピソードがある。

昭和2年（1927）3月7日に京都府北部の丹後半島を震源とする大地震が発生した。「北丹後地震」「奥丹後地震」などと呼ばれたものだが、ちょうど研修生から松竹楽劇部に正式採用が決まった日のことで静子もよく覚えている。研修生の卒業証書をもらって帰宅する途中、市電を降りたところで小腹が空いてきた。そこで家の近所のうどん屋に入り、きつねうどんを注文したのだが。丼を持って食べようとした瞬間、激しい揺れに襲われた。

記録によると大阪市は震度4。東京の人なら大騒ぎするほどの揺れではないが、関西人は地震に慣れていない。また、静子たちが住む恩加島は大阪湾岸の埋立地。軟弱地盤だけに他の地域よりも揺れが激しかったのかもしれない。身の危険を感じて、食べかけのうどんが入った丼を持ったまま店の外に飛びだした。

店の外に出ると、通りの先にある自宅の方角から大勢の人々が慌てて走ってくる。そのなかには音吉の姿もあった。

「お父さん」

声をかけると音吉も気がついて、

「あかん、もっと遠くに逃げにゃ。うちの銭湯の煙突が倒れたらえらいこっちゃ」

そう言って静子を促す。父の後ろについて走りだすのだが、見れば音吉も茶碗をかかえていた。御飯時だったのだろう。丼と茶碗を手にしたまま必死に走る父娘の姿を想像すると、なんだか笑えてしまう。せっかちな性格ゆえの失態は、静子はこの後もよくやらかす。天然ボケも他人からは好感をもたれるものだ。

実母から受け継いだ忍耐とポーカーフェイス、育ての親から学んだ人情の大切さや行動力。それにくわえて、天然のギャグセンス？　すべて芸能界で生きてゆくのに必要なスキルだ。複雑な生い立ちも〝ブギの女王・笠置シズ子〟を育むためには不可欠の要素だったのかもしれない。

第三章　ジャズとの出会い

乙女の反乱

昭和3年（1928）には、東京にも「東京松竹楽劇部」（後に「松竹少女歌劇部」〈SSK〉に改称）が設立されている。その第1期生に水の江瀧子がいた。断髪して舞台に立った日本初の女優。長身で目鼻立ちのはっきりした彼女にはそれがよく似合う。「男装の麗人」と呼ばれてマスコミの話題になり、若い女性のファンを増やした。

東京松竹楽劇部の初舞台は、浅草松竹座で上演された大正天皇即位を祝う『御大典奉祝レビュー』だった。この時に静子も大阪から応援に呼ばれて出演している。

水の江は楽屋の鏡の前で、慣れない舞台化粧をするのに四苦八苦。道具の使い方もよく分かっていない。それを見かねた静子が化粧を手伝った。自分が認めない相手には冷淡だが、反面、気に入れば優しく親身になってあれこれ世話を焼く。どうやらこの大型新人には、初対面から好感を持っていたようである。

実家が貧しかった水の江は、この世界で成功することに賭けている。上昇志向が強く、芸の稽古にも熱心だった。また、思ったことをすぐ口にする気の強さなど、静子と似たところがある。

水の江瀧子（昭和26年〈1951〉撮影／共同通信社提供）

気が合うのだろう。1歳年下の水の江を妹分のように思っていたようだが……身長では水の江が10センチ以上も高い。一緒に並んで立つと、静子のほうが妹のように見えたりもする。

結成されたばかりの東京楽劇部はまだ人材がそろわず、静子は頻繁に東京に呼ばれて水の江たちと共演した。すっかり仲良くなり、プライベートでも一緒に遊びにでかけることも多くなる。

この頃は〝銀ブラ〟という言葉もすっかり定着している。歩道にはウィンドーショッピングを楽しむ若い女性の姿をよく見かけるようになった。大阪とはまた違ったハイカラな街並みを静子も楽しんだことだろう。この頃になると関東大震災の傷も癒えて、鉄筋コンクリートのビル群が建ちならんでいる。東京は近代都市に生まれ変わり、銀座(ぎんざ)通りには柳の街路樹も復活した。

昭和4年（1929）にヒットした『東京行進曲』の歌詞には、震災で消滅した銀座通りの柳並木を懐かしむ一節がある。これが人々の共感を呼び、柳の復活を望む声が高まる。その声に押されたのか、昭和7年（1932）には東京朝日新聞が音頭をとって「銀座柳復活祭」を開催し、約300本の柳を寄贈して銀座通りの歩道に植樹したのである。復活した柳並木の歩道を歩く人々は、よくこの歌を口ずさんでいた。

しかし、東京の復興事業が一段落すると、建設工事や道路工事の仕事は激減して仕事にあぶれる者が増えてくる。また、昭和初期は不況の時代でもある。長引く世界恐慌の影響で、減産つづきの工場でもリストラの嵐が吹き荒れていた。

職を失い途方に暮れながら、汚い身なりで放浪する者の姿が街でも目立つようになっている。「ルンペン」という差別的な流行語が生まれたのもこの頃だ。銀座通りの柳並木の下を、お洒落（しゃれ）したモボ＆モガが『東京行進曲』を口ずさみながら闊歩（かっぽ）する。そのすぐ近くの裏路地には行き場所のないホームレスが集まり、

「スッカラカンの空財布でもルンペン呑気（のんき）だね」

と、昭和6年（1931）頃から流行（はや）りだした『ルンペン節』を唄（うた）い、凍てつく路上で野宿する。暗い路地に恨み節がこだましていた。柳並木の復活に浮かれていられる状況ではない。不景気はますます深刻の度合いを深めている。

それは芸能の世界も例外ではない。興行が好調なはずの松竹少女歌劇部でも、裏方の解雇や劇団員の賃金削減がおこなわれるようになっていた。会社側の理不尽に、正義感が強い水の江は黙っていられない。昭和8年（1933）6月14日、彼女は新聞

記者を集めてリストラと賃金削減に反対の意思を表明。東京を離れて箱根の温泉旅館に立て籠もってしまう。東京の松竹歌劇部は200人を超える大所帯になっていたが、水の江は最古参の第1期生。飛び抜けた人気を誇るトップスターでもあるだけに誰もがリーダーと認めている。大半の団員が彼女と行動を共にした。

華やかなレビューのスターたち、その多くは未成年の少女だった。彼女たちが起こした大胆な行動に世間は驚き、新聞や雑誌も「桃色争議」と呼んで大きく報道した。そして騒ぎは大阪にも波及する。水の江たちが箱根に籠もってから約2週間後の6月27日になると、大阪でも70名の楽劇部団員が舞台出演を拒否して高野山麓の宿坊に立て籠もった。

蜂起したメンバーのなかには静子の姿もあった。友人の水の江が行動を起こしたとなれば、義理堅い彼女の性格から黙って傍観することはできない。

静子は道頓堀の舞台を終えるとその夜のうちに仲間たちと南海電車の最終便に乗り、深夜の山道を歩いて高野山麓の宿坊に向かったという。朝になると準備していた旗を参道に掲げて、大声で会社の非道を訴えた。これを見た参拝客たちは驚き、静かな山中が大騒ぎになった。

「桃色争議」と呼ばれた水の江たちのストライキの様子（昭和８年〈1933〉撮影／毎日新聞社提供）

松竹の重役が急いで高野山に駆けつけて、すぐに団員たちとの交渉を開始する。騒ぎを早く沈静化させたい会社側は、週休制度や最低賃金の導入など大幅な譲歩をしてきた。団員たちもこれに納得して7月8日には手打ち式がおこなわれている。

しかし、会社にもメンツがある。このまま誰もお咎め無しというわけにはいかない。首謀者には責任を取らせねばならない。このため争議団長となっていた飛鳥明子をはじめ、多くの者たちが退団に追い込まれた。静子は新人時代から飛鳥には可愛がられ、シューズの履き方など手取り足取り教えてもらった。彼女が松竹を追われるのは断腸の思いだったろう。また、東京の歌劇部でも水の江らが謹慎を言い渡されている。

静子は日頃から騒々しいとよく言われる。せっかちで気が強く、何かあれば我先に動いてしまう。争い事が起こると血が騒ぐタイプ。東京公演の時に泊まった時、宝塚少女歌劇の団員たちと同宿したことがある。お互いがライバル視している間柄だけに、ひとつ屋根の下にいれば軋轢も生じる。

この時も静子は真っ先に宝塚の団員たちの客室に向かって、

「ちょっとここまで出て来んかい!」

と、勇ましい啖呵を切ったという。高野山でもそんな感じだったと思うのだが……。

幸いにも、この時は処分を免れている。

大阪の楽劇部は東京の歌劇部よりも歴史が古く、静子より古株の先輩が大勢いる。水の江とは立場が大きく違う。松竹は先輩後輩の序列が厳しい。会社側もそれはよく知っているだけに、年若い静子は先輩たちに従って争議に加わったと判断されたのだろうか。

また、処分を免れたことで騒動が静子にはプラスに働いたことは間違いない。桃色争議の直後に「トップスター十選」に選出された。先輩たちが退団したり干されたりしたことで、序列が上がったようである。

昔の日本社会では、自己主張の強い女性は嫌悪される。桃色争議は松竹少女歌劇のイメージダウンに繫がり、以後しばらくは観客動員数が落ちこんで、ライバルの宝塚に大きく差を広げられてしまう。

松竹は人気回復のために積極的な手を打つようになり、静子は松竹の少女歌劇を代表するスターのひとりとしてメディアへの露出も増えた。昭和9年（1934）になると『恋のステップ』でレコード・デビューも果たしている。この曲はアメリカで流行しているスイング・ジャズの手法を取り入れたものだ。スイング・ジャズは10人以上のビッグバンド編成で、アドリブよりもメロディーラインを重視して演奏するのが特徴。明るく軽快な曲が多く、ダンスとの相性がいい。『恋のステップ』もレビューの主題歌として舞台でもよく歌われた。

ちなみに曲を作った服部ヘンリーは、服部良一のペンネーム。この時、服部は曲を書いただけで静子に会って歌唱指導をすることはなかったが、これが後に日本中を熱狂させる名コンビの初仕事ということになる。

全国区のスターをめざして上京を決意

昭和10年（1935）になると、静子は「三笠静子」から「笠置シズ子」に芸名を改めた。大正天皇の第四子が三笠宮（みかさのみや）家を創設したことで、同じ名を名乗ることは恐れ多いというのがその理由。また、前年には松竹楽劇部も「大阪松竹少女歌劇団（OSSK）」に改称され、笠置シズ子はその看板スターとして誰もが認める存在に出世している。現在の「乃木坂（のぎざか）46」ならば、フォーメーションのフロントに並ぶような立場だろうか。

大阪松竹少女歌劇団で舞台に立つ笠置シズ子（昭和12年〈1937〉撮影／朝日新聞社提供）

立場にあわせて給料も上がっている。20歳になったばかりの年齢で月給80円が支給されていた。会社側も桃色争議に懲りて待遇にはそれなりに気を遣っていたのだろう。

大正時代後期頃から「職業婦人」という言葉が聞かれるようになり、女学校卒の高学歴女性には企業に就職して働く者が増える。彼女らはオフィス・ガールと呼ばれ、それを略した〝O・G〟という新語も流行った。そのO・Gたちの間で最も人気の職種が、タイプライターでビジネス文書を作成するタイピストだった。主演女優の役がタイピストという映画もよく見かける。また、タイピストは給料面でも普通の女性事務員より優遇されていた。が、それでも月給は35〜40円というのが相場だった。

学力不足で女学校への進学を諦めたシズ子だが、いまでは女学校卒の女性が憧れるタイピストの倍以上の収入を得ている。それでも彼女の懐具合は厳しかった。音吉は銭湯の商売に見切りをつけて弟の八郎と一緒に天王寺で理髪店を開業していたのだが、この商売も不調だった。そのため一家の暮らしは、シズ子の収入に依存するところが大きい。また、最近はうめの体調が悪くなり病院にも金がかかる。

芸能人なだけに他の団員たちは常に人から見られていることを意識している。化粧や服装など、身なりにもそれなりに金をかけていた。しかし、収入のほとんどを家計にまわしているシズ子にそんな余裕はない。安い服を着古して、舞台を降りたら化粧もほとんどしない。地味な姿で楽屋に出入りしていると、出待ちのファンから劇場の裏方か事務員と間違われてスルーされることが多かった。

昭和12年（1937）7月に日中戦争が勃発してからは、世の中も少し景気が良くなってきた。これで理髪店の商売も上向くか……と、期待していたのだが。年が明けると弟・八郎に召集令状が届いてしまう。貴重な働き手を軍隊に取られると、音吉ひとりでは商売をつづけることが難しい。すっかり気力も萎えて、

「もう、あかんわ」

と、廃業を決めてしまった。隠居して暇になった音吉は放蕩癖がさらに激しくなり、シズ子の負担もさらに増える。ますます金のことが心配になってくる。

「なんとか稼ぎを増やさんとあかんなぁ」

と、そう思っていた頃である。タイミングよく東京の松竹から声が掛かり、月給200円を条件に移籍を誘われた。

戦前は映画会社や芸能会社の間で激しい引き抜き合戦がおこなわれ、刃傷沙汰に発展するようなこともよくあった。人気俳優・長谷川一夫が松竹から東宝に移籍したことに関連して、暴漢に顔を切りつけられる事件などが起きている。しかし、シズ子の

場合は同じ松竹の会社内でのことで、移籍というよりは人事異動のようなもの。大阪と東京の間で円満のうちに合意もなされていたようで、大阪側からは970円の退職金も支給されるという。大卒サラリーマンの年収が700円程度の時代である。日給月給の庶民なら3〜4年分くらいにはなるだろうか。

給料は上がるし、退職金としてまとまった金も入る。かなり魅力的な話。退職金のほうは貯金しておけば、弟が兵役を終えて除隊した時に何かの商売を始める資金になるだろう。などと、頭の中でソロバンを弾いている。病身の母を残して東京に単身赴任するのは不安だが、いまは何よりお金が大事と東京への移籍を決心した。

昭和13年（1938）4月、シズ子は数年前に運行が始まった新特急『燕』に乗って大阪から東京へ向かった。それまでの特急や急行に比べると所要時間はかなり短縮されているが、それでも片道9時間はかかる。また、現在の新幹線と比べると本数は少なく、乗車するには数日前に予約を入れねばならない。実家で何かが起きてもすぐには帰れない。

この頃になるとうめは食事が喉を通らなくなり、見た目にもかなり窶れて衰弱していた。それが不安で、やっぱり上京を取りやめにしようかと思ったりもしたのだが。

そんな娘の心を、うめも察していた。出発の前日には自分から鰻屋へ食べに行こうと誘い、笑顔で鰻丼を平らげてみせる。旅立つ娘に心配をかけまいと、無理をしていたのだろう。

「東京であんたが出世するのを、気い長ごうして待ってるよって。家のことは心配せんと、しっかり仕事に精だしなはれ」

それが、最後の言葉だった。すでに死期を悟っていたようでもある。できれば臨終の間際まで自分の側にいて死に水を取ってほしい。そんな願いもあっただろう。しかし、娘の決心を鈍らせるようなことは絶対に口にはしない。いつもシズ子のことを最優先に考えて行動してきた。それは最期まで変わらない。

満州事変の時と同様に、中国で始まった戦いも日本の勝利ですぐに終わるだろう。当初はそういった楽観論が幅を利かせていた。戦争ではなく〝事変〟という名称が使われ、小規模の局地的な騒乱として扱われていたのだが……。予想に反して戦いは長期化している。戦域は中国の奥地にまで広がり、日本軍は新たな兵力を続々と大陸に送りつづけていた。八郎のように招集される若者が増えている。

しかし、この頃はまだ一般の日本人にとって、戦争は遠い異国の出来事。街に戦時下の緊迫感はない。多くの工場が軍需物資の大量受注でフル稼働しており、それが景気を押しあげていた。長くつづいた不況の出口が見えてきたことで、国内の雰囲気はむしろ戦争前よりも明るい。この頃に流行していた『東京ラプソディー』の歌詞にもあるような、華やいだ情景が街にはあふれている。

世の景気に大きく左右される興行界も絶好調。日中戦争が始まる4日前の昭和12年（1937）7月3日、松竹は浅草国際劇場をオープンさせている。約5000人を収容する当時は日本最大の劇場で、ここが少女歌劇の本拠としても使用されることになった。

同年10月には大阪松竹少女歌劇団が上京してこの国際劇場で「国際大阪踊り」のレビューを公演した。シズ子もこれに出演し、そのパフォーマンスが東京の関係者たちの目にとまり彼女の引き抜きに動き始めたのだという。

松竹は東京に多くの劇場を所有していた。これに国際劇場が加わったことで、出演者やスタッフの陣容を強化する必要に迫られている。また、少女歌劇につづく新しいレビューを立ち上げることも決まっていた。

シズ子が上京した年には、少女歌劇のスターたちに男性出演者をくわえた松竹楽劇団（SDG）が旗揚げされる。彼女もこの楽劇団のメンバーに加えられることになった。丸の内界隈の大きな映画館では、上映の合間にアトラクションとして演劇やショーを開催するのが流行っている。SDGも松竹洋画系映画館で催すショーを目的につくられたもので、男女の共演による本格的なミュージカルをめざしていた。

劇団の音楽を担当する総指揮者として招聘された紙恭輔は、日本のジャズプレーヤーの草分け的人物。松竹は少女歌劇が得意としてきた情熱的で激しいダンスにくわえて、ジャズの演奏や歌を存分に聴かせることを新劇団のウリにしようとした。洋画系のハイカラな映画館で催されるショーなだけに、欧米文化の雰囲気が濃厚なジャズとの相性がよいと踏んでいたのだろう。

新天地で自分の居場所を確固たるものにするため、シズ子はジャズの歌唱法を本格的に学ぶことにした。総指揮者の紙を追いかけまわし、背後霊のように張りついて離れない。彼の言葉を聞き漏らすことなく、求めているものを知ろうとする。また、練習が終わっても相手の都合などおかまいなしに、根掘り葉掘りしつこく質問してくる。

紙も辟易していたようだった。あからさまで貪欲な姿勢に引いてしまう劇団仲間もいたが、気にしない。空気を読むとか忖度するとか、芸の修練には不要なものだと割り切っている。その考えは研修生の頃から変わらない。

運命の出会いで素質が覚醒する

紙恭輔はゆったりと大人しめな曲調のスウィート・ジャズに精通した人物。だが、それだけでは動きの激しいダンスを売り物とする楽劇団には物足りない。本人もそれは分かっていたようで、ダンスとの相性が良いホット・ジャズに精通した人物を補佐役に探していた。そこで白羽の矢が立ったのが服部良一である。

当時の服部はコロムビアの専属作曲家として契約しており、戦地の兵士を慰問するため中国に滞在していた。SDGの初公演が迫り紙も焦っていたようで、服部が帰国して東京駅に到着すると、ホームで松竹関係者が待ち構えていた。その場で説明をうけて副指揮者に就任することが決まり、旅装を解く間もなく団員たちが練習しているという帝国劇場に連れて行かれた。

服部が帝国劇場に到着すると間もなく、稽古場(けいこば)にシズ子も姿を現した。この時、ふたりは初対面。担当者から呼ばれて服部に紹介された彼女は、

「笠置シズ子です。よろしゅう頼んまっせ」

服部良一（昭和26年〈1951〉撮影／共同通信社提供）

と、挨拶してきた。しかし、服部は驚いて挨拶を返すことができなかったという。

少女歌劇のスターでもあり、自分が作曲した『恋のステップ』の歌手でもある。その名前を知らぬはずがない。顔も雑誌やブロマイドで幾度も目にしていた。が、目の前に立つ女性は、写真で見るそれとはまったく別人に見えた。服部の自伝『ぼくの音楽人生』にもこの時のことが書かれている。それによると、

「トラホーム病みのように目をショボショボさせた小柄の女性がやってくる。裏町の子守女か出前持ちの女の子のようだ」

第一印象は最悪。舞台の上の笠置シズ子は厚いメイクでぱっちりと目を大きく描き、長さ3センチの特大付けまつ毛をつけている。しかし、金欠ゆえに普段は粗末な服装で化粧もろくにしていない。そのギャップは激しかった。

地味でしょぼくれた姿にがっかりした服部だったが、しかし、練習が始まると……また驚かされてしまう。心が震えるような強い感動も覚えた。本番のメイクをして、舞台衣装に着替えて現れたシズ子は別人に変わっていた。それがオーケストラの演奏にあわせて歌い踊ると、いっそう強い輝きを放つ。

シズ子が表情豊かに声を張りあげて唄い激しく動きまわれば、一緒に踊る他の少女歌劇出身の女優たちの存在が霞んでしまう。ブロマイド写真では感じることのなかっ

た凄まじい迫力、圧倒的な存在感が服部の心を捉えて離さない。目は彼女に釘付け、シズ子と組めば新しい可能性が開けるかもしれないと期待した。

どんなに良い曲を書いても、それを唄いこなせる歌手がいなければ宝の持ち腐れ。人の心には刺さらない。服部はコロムビアの専属作曲家になってから、ブルースを日本に馴染むものにアレンジした〝和製ブルース〟で一世を風靡していた。その成功もまた淡谷のり子という歌手に出会えたことが大きい。

淡谷は昭和12年（1937）に服部が作曲した『別れのブルース』を唄って大ヒットさせ、ブルースのブームを巻き起こしていた。

彼女は東洋音楽学校で本格的にクラシックの歌唱法を学び、以前からソプラノ歌手として高く評価されていた。クラシック界では悪趣味な際物扱いされるジャズやブルースを唄うことには抵抗があり、それだけに、当初は服部の指導にも反発していたという。しかし、淡谷の歌唱力に惚れた服部は諦めず熱心に対話をつづけながら、やがて信頼を得ることに成功する。それからは彼女も凄まじいプロ根性を発揮して、レコーディング前には吸えないタバコを何十本も吸ってブルースが似合う低音をつくりあげた。

服部はスイング・ジャズでもヒット作を作りたいと考えている。シズ子が『恋のステップ』を唄った時も、本格的に育てあげればモノになるかもしれないと関心を持っていた。同じ劇団で仕事するようになり、直接に彼女の歌声を聴いてそれが確信に変わってくる。いまの日本でスイング・ジャズを唄える歌手は、笠置シズ子以外にはいない、と。

楽劇団の舞台が求めるノリが良くてパンチの効いた曲については、それを得意とする服部に一任されている。彼は『ラッパと娘』『センチメンタル・ダイナ』『ホット・チャイナ』などを次々に作曲して舞台でシズ子に唄わせた。

服部にとっては幸いなことに、シズ子は音楽学校で本格的に歌唱法を学んだことがなく、音楽知識がほとんどない。ジャズに先入観を持たず、拒絶反応を見せることはなかった。

淡谷のり子にブルースを唄わせた時には苦労した。彼女にはこれまで自分が培ってきたものに対する自信や、めざすべき音楽の理想があったのだろう。芸術家ゆえの頑固。静子もまた頑固なところがあるが、淡谷のそれとは違う。

シズ子にとって最も大切なもの、守らねばならないものは家族と自分の幸福である。それには、生活の糧を得るための居場所を確保することだ。もともと、歌はその手段と割り切っているようなところがある。どんなジャンルの歌であろうが、自分がこの世界で生き残るという目的に適合していれば貪欲に学んで吸収しようとする。

彼女は自分の味方と認める相手であれば、とことん信じ込む。知人の少ない東京で、服部のことは最も信頼できる味方だと思っている。盲信していた。彼の指導はすべて「それが自分のためには最良のやり方」と信じて疑わず、どんな無理難題を言われようが不服は一切言わないで従った。

この頃の女性歌手は、高音で柔らかく優しげな女らしい声が好まれた。以前はシズ子もそれを意識して唄ったりもしていたのだが。本来の自分の声とは違うだけに、それが喉（のど）を痛める原因にもなる。服部はまずその悪い癖を直そうとした。

シズ子はもともと女性としては声の低いほうだが、服部が求める歌い手にはそれが求められた。彼がシズ子に惹（ひ）かれたのも、地声に魅力を感じたからだ。

「自分を隠すな、地声で唱え」

と、レッスンの厳しいことで知られる服部だけに、それができるまで徹底して唄わせつづける。舞台でいくら疲れても、休むことなく練習はつづく。その甲斐（かい）あって地声に磨きがかかり、声量にあふれていっそうの魅力を放つようになってきた。

目立っていたのは歌声だけではない。シズ子は大股(おおまた)で顔をマイクにすり寄せながら、踊るように体を揺すって唄う。表情は豊かに変化して、ステージからは距離のある劇場の2階席にも喜怒哀楽の感情が強く伝わってくる。行儀よくすまし顔で唄っていたこれまでの日本人歌手とは違って、感情をストレートにぶつけるパフォーマンスが観客の目を引きつけて離さない。

ウケを狙ったわけではなく、乗ってくると自然にそうなってしまう。服部がにらんだ通り、軽快で奔放なスイング・ジャズはシズ子との相性が抜群だったようである。他の出演者が霞んでしまう圧倒的な存在感。楽劇団の看板女優どころか、他の団員たちは彼女のために編成されたバックバンドやバックダンサーのように映る。

昭和14年（1939）4月に帝国劇場で公演された「カレッジ・スキング」で、シズ子は『ラッパと娘』を披露した。彼女のスキャットとトランペットがみごとに絡み、観客は魅了された。これを観た評論家の双葉十三郎(ふたばじゅうざぶろう)などは、

「日本にもスイングを体現できる歌手が現れた」

このように絶賛している。彼はシズ子のことを「スキングの女王」と褒め称(たた)え、以

後これが彼女の代名詞になった。また、大評判となった『ラッパと娘』はレコード化されて、コロムビアの専属歌手にもなっている。

戦前の芸能界ではトップクラスと目される存在にまで登りつめた。しかし、シズ子の風体はあいかわらず地味。服部は彼女と初対面の時に「子守女」「出前持ちの娘」とも評していたが、いまもそれと大差はない。街中で出会っても、スキングの女王とは誰も気がつかず見過ごしてしまう。

世間での知名度は上がっても、給料は上京した頃と同じだった。金の苦労はつづいている。200円の月給のうち150円は大阪の実家に仕送りして、残った50円が彼女の生活費。女子の事務員やタイピストの月給よりは少し多い額ではあるが、派手な生活をする他の団員たちとつき合うには無理がある。給料を全額お小遣いとして使ってしまうような、自宅住まいのお嬢様も多かった。

劇団の仲間から食事や喫茶店に誘われても断らねばならない。大阪の松竹から引き抜かれてきた余所者(よそもの)なだけに、つきあいが悪いと仲間内では存在が浮いてしまう。劇団内には親友と呼べるような者もおらず、孤立感を深めていた。

その寂しさを紛らわせるため歌の練習にいっそう熱が入る。他の娘たちが喫茶店で楽しく談笑している時も、夜遅くまで稽古場に残って練習に励む。それが功を奏したところもある。歌のスキルにはますます磨きがかかり、もはや他者の追従を許さない。

師匠の服部もまた大阪出身者であり、東京では疎外感を味わうことも多かった。そんな異邦人同士、仲間意識もあってだろうか。いっそうシズ子に肩入れして、彼女に唄わせる曲を書きつづけた。

「質素で派手なことが嫌い。間違ったことが許せない道徳家。しかし、世話好きの人情家でもあり、一生懸命生きている」

服部はシズ子についてこのように語っていた。生きることに不器用な娘だが、道を踏み外すことなく一生懸命に進んでいる。その健気さにほだされていた。シズ子は人から向けられる好意を察することには敏感だ。服部への信頼はますます強固なものになってゆく。音楽とは関係のない会社との契約や私生活についても、服部に相談して意見を求めることが多くなっていた。

最愛の母の死に目にも会えず……

仕事は絶好調。だが、うめの病状は悪化の一途で、音吉一人に任せておいて大丈夫だろうかと心配が大きくなっている。しかし、遠く離れた東京では看病することもできず、シズ子にやれる事といえば、稼いだ金をせっせと送るだけ。せめて金の心配だけはせずにすむようにと心がけた。

芸能会社の引き抜き合戦はあいかわらず激しい。シズ子も東宝から移籍を誘われた。月給300円を支払うという好条件。父母のために少しでも収入を増やしたい彼女は、首を縦にふってこれを了承してしまう。が、松竹側がこれに大激怒。シズ子を伊豆に軟禁する強行措置をとって移籍話を潰した。

世間知らずが招いた失態だった。同じ松竹の組織内で大阪から東京に移動するのとはわけが違う。それが理解できず、軽く考えていたようだ。ひとつ間違えれば、芸能人として二度と表舞台に立てなくなる可能性もあったのだが。師匠の服部たちが尽力してなんとか事なきを得て、松竹に残ることで問題は決着した。しかし、その間にも大阪ではうめの病状がますます悪化して、もはや予断を許さない状況になっている。

移籍問題は解決したが、それにホッとする間もなく大阪から電報が届く。うめがついに危篤状態に陥ったという。

だが間が悪いことに、この時は代役のきかない舞台を掛け持ちして東京を離れることができない。この世で最愛の母である。いますぐにでも飛んで帰りたいのだが。その気持ちを押し殺し、

「東京に行ったからには死ぬ気で戦って来いとお母はんは言ってはりました。死に目に会いに行くよりは、舞台に穴を開けずに立ちつづけることのほうが親孝行。そのほうが喜んでくれますやろ」

そう言って大阪には帰らず舞台に立ちつづけた。そして公演の最中に、うめの死亡が伝えられる。それでもシズ子はいつものように舞台の上では溌剌とした笑顔をふりまき、帝国劇場の広いホールに歌声を響かせた。

帰阪を拒んで出演をつづけたのは、仕事に対する強い責任感。律儀で頑固な性格によるものだろう。また、スヰングの女王として、この立場を誰にも奪われたくないという意識もあったか？　代役に主役の座を奪われるのはこの世界ではよくあることだ。自身もそれはよく目にしてきた。彼女にはまだ父親がいる。出征した弟が帰ってくれば、彼が社会で再出発するにもなにかと金がかかる。まだこの地位を手放すわけにはいかなかった。

うめが亡くなったのは昭和14年（1939）9月11日のことだった。四十九日の法要にはシズ子もやっと大阪に帰ることができて、最愛の母の位牌を拝んでいる。そして、うめの最期の様子も聞かされた。病床で苦しみながら、シズ子にひと目会いたいと言っていた。しかし、いまは大役を任せられて東京を離れることができないと聞かされると、

「どうやらあの娘も東京でモノになったみたいやなぁ。ほな、あてはそれを土産にあの世に行きまっさ」

と、微笑みを浮かべて逝ったという。その話を聞いて、人目もはばからず泣いてしまった。この母には一生頭があがらない。受けた恩の半分も返すことができなかった。そんな後悔が残る。

シズ子はこれまでも同世代の娘たちと比べて、家計への責任感が強かった。まるで一家の大黒柱のように。出生の秘密を知った時から、彼女は血の繋がらない自分を育ててくれた母には深い愛情とともに強い義理を感じている。母の死後、その責任感がさらに強くなっている。残された父や弟に生活の苦労をさせないことで、返しきれなかった母への恩に報いようとしたのだろうか。

憔悴している音吉を一人で大阪に残しておくのは心配だった。東京に引き取って一

緒に暮らすために、三軒茶屋(さんげんぢゃや)に一戸建てを借りる。音吉もそのうち元気を取り戻して調子が戻ってくるだろう。そうなればまた遊びまわるようになるかもしれないが、それで寂しさが紛れるのならいくらでも金を渡してやろうと思っていた。そのためにもっと仕事をして、金を稼ごうとするのだが……。

第四章　「敵性歌手」として忍従の日々

「敵性歌手」のレッテル

日中戦争が始まった頃から、内務省は音楽による戦意高揚をはかるために、各レコード会社に戦時歌謡の制作を奨励していた。これによって『露営の歌』など爆発的にヒットした戦時歌謡も生まれているが、しかし、思惑通りにはなかなか事は運ばない。

戦地の兵士たちは戦闘意欲を奮い立たせる勇壮な歌よりも、故郷の家族や戦死した友人に思いを馳せる歌を好む。前線や駐屯地では、軍歌や戦時歌謡よりも『別れのブルース』など普通の流行歌を口ずさむ兵の姿がよく見かけられる。せっかく作らせた戦時歌謡を兵士たちが歌わないのは、流行歌なんてものがこの世にあるからだ。と、軍や政府からすると戦争遂行を邪魔する憎むべき存在にも思えてくる。

昭和15年（１９４０）になると、内務省は文部省と合同して「音楽文化の浄化」を開始するようになる。戦争の邪魔になる既存の流行歌をすべて排除し、戦意を萎えさせるような流行歌を今後は作らぬよう音楽業界の指導を強化した。つまり、これが彼らにとっての「音楽文化の浄化」なのだ。しかし、

「流行歌は大衆の吐息であり、ちまたの音楽だ」

詩人のサトウハチローが語っていたように、いくら躍起になって規制しても街から流行歌が消えることはない。コーヒー豆の輸入が途絶え、ドングリや大豆を焙煎した代用コーヒーしか飲めないようになると『一杯のコーヒーから』がヒットして街でもよく聴かれた。それが戦時体制への皮肉のようにも映る。内務省やその管轄下にある警視庁では、さらに音楽文化の浄化に強い執念を燃やすようになっていた。

警視庁は劇場や映画館への規制を強化した。シズ子もその標的となり、丸の内界隈の劇場に出演することを禁じられてしまう。

英語を「敵性語」として排斥する運動がさかんになり、「ビール＝麦酒」などと日本社会に浸透していた外来語がすべて日本語に置き換えられるような時代だった。アメリカ文化を色濃く感じさせるジャズも「敵性音楽」として排斥が叫ばれている。ジャズ歌手としては日本で一、二を争う知名度を得ていた笠置シズ子は「敵性歌手」と呼ばれるようになり、排除すべき対象として真っ先にその名があがる。

この頃になると娯楽性の強い松竹楽劇団もなにかと批判されることが多く、興行を打つことが難しくなっていた。昭和16年（1941）1月にはついに劇団解散に追い込まれてしまう。そこでシズ子は松竹から独立して「笠置シズ子とその楽団」を結成。

自前の楽団を持って芸能活動をつづけることにした。大勢の楽団員を雇い給料を払う雇用主となったのである。彼らの生活にも責任を負わねばならず、他にも様々な雑事にわずらわされることになるのだが、

「しんどいけど、やらなしゃあない」

シズ子は唄うこと以外に金を稼ぐ手段を知らない。他に選択肢がなかった。丸の内界隈での劇場出演を禁じられ、戦地や軍需工場などの慰問でも敵性歌手は呼ばれない。活動の幅はかなり狭まっているが、それでもスヰングの女王・笠置シズ子の人気は衰えてはおらず。地方には彼女の来演を望む興行主は多い。そこに活路を求めた。

しかし、地方の公演にも様々な制約がついてまわる。たとえば、劇場でのマイクロフォンの使用禁止。これも音楽文化の浄化をめざす政策の一環で「マイクロフォンは小さく甘い声で歌うための機械だから」というのがその理由だった。国民の戦意を萎えさせる甘い声を拡散させる、百害あって一利なしの機器ということなのだろう。勇壮に声を張りあげて唄う戦時歌謡や軍歌ならば、マイクロフォンを使う必要もない。

声量には定評があるシズ子だけに、マイクロフォンがなくとも歌声を劇場全体に響き渡らせる自信はある。これはさほど問題にならなかったのだが……なにしろ敵性歌

手の代表格、彼女だけに課された特別のルールも多々あり。

「あなたの舞台での雰囲気がいけない」

と、警視庁に呼びつけられて厳重注意をうけた。戦意を萎えさせる悪い雰囲気を是正することを求められ、長い付けまつ毛や高いハイヒールを履くことを禁じられる。また、ステージの上に1メートル四方の線を引いて、そこから絶対に出ることなく直立不動の姿勢で唄うようにという指導もされた。

彼女が体を揺すり踊るように唄うのは、客ウケを狙ったものではない。唄っていると感情が昂(たかぶ)り、ほとんど無意識のうちにやってしまう。それでさらに乗ってきて、歌声にも輝きが増してくる。意識して無理に動きを止めたりすると、肝心の歌にも支障がでてくる。乗りの悪い歌を聴かされても観客は喜ばないだろう。

無理難題。だが、指導に従わねば公演ができなくなる。警察側からすれば、諦(あきら)めて活動を自粛するなり引退すればいい。それを狙っていたのかもしれない。

「あの時は国粋団体がうるさくて困った。どうにもジャズ撲滅の火の手が防ぎようなくて灰田(はいだ)と笠置だけはやめさせようと思っていた」

シズ子を呼びつけて指導した警視庁の寺澤検閲係長という人物が、戦後になって新聞社が催した座談会でこのように語っている。ハワイアンのウクレレ奏者で歌手や俳優として活躍した灰田勝彦（かつひこ）もまた、笠置シズ子と同様に敵性歌手として睨（にら）まれていた。警視庁は本腰を入れて、ふたりを廃業に追い込もうとしていたようである。

化粧気のない地味な顔をした女が、直立不動で唄っている姿を想像してみるといい。スヰングの女王のパフォーマンスを期待していた者たちがそれを目にすれば、困惑することは間違いない。激しく奔放に動きながら唄う。それがあってこそ笠置シズ子だ。客の心に歌声は響かない。当然、ステージは盛りあがらなかっただろう。

ＳＮＳなどなかった当時、悪い噂が広範囲に拡散することはない。場所を変えて他の地方で巡業すれば、その名前だけで客は呼べる。しかし、客の期待を裏切りつづけ、自分でも納得のいかないステージをつづけるのは辛（つら）い。

「こんな惨めなもんあらしまへん。地獄のような日々でした」

当時の心境を本人はこのように語っている。シズ子はこの苦境に耐えて公演をつづけ、プロの歌手としてしぶとく生き残った。

戦後になって何でも自由に話せる時代になっても、彼女はこの頃については多くを語らなかった。当時の警察のやり方を批判することもない。あの頃は、何も考えずただ耐え忍んでいた。

灰田勝彦（昭和11年〈1936〉撮影／毎日新聞社提供）

思考停止して、冬眠状態で暴風が過ぎ去るのを待っていたような……。だから、言いたいことなど何もない。語って聞かせるような話は思い浮かばなかったのだろう。

一方、シズ子と同様に「ブルースの女王」と呼ばれて一世を風靡した淡谷のり子は、時代に抗った。数々の武勇伝も残している。アイラインを厚塗りした独特の濃い化粧と派手な衣装でステージに立ちつづけた。

時局にふさわしくないと批判は多かったが、頑としてうけつけない。婦人団体に囲まれて化粧やドレスが贅沢だと批判された時には、

「これが私の戦闘服よ」

と、切った啖呵が名言として残っている。また、戦地の慰問団に参加して戦地に派遣された時には、捕虜の米英兵の姿を目にして禁止されていた英語の歌を唄い彼らを慰労したという。運が悪ければ歌手廃業に追い込まれて抹殺されたかもしれない。それでも、譲れないものがある。自分のスタイルを変えることなく、プロの歌手としてプライドを守り通した。

抗うことをやめて当局の指導に大人しく従うシズ子には、意地もプライドもなかったのだろうか？　そうではない。彼女にはそれよりも大事なものがあった。亡き母親

への義理を果たすために、父や弟の生活に責任を負わねばならない。自分を信じてついてきてくれる楽団員たちの給料を払いつづけねばならない。それがなければ、

「アホらし、もうやっとれんわ」

そんな感じでさっさと歌手を廃業するか、あるいは、持ち前の負けん気で淡谷のような行動にでたのかもしれない。しかし、それをやってしまえば義理は果たせない。プロ歌手のプライドを捨て、屈辱にまみれた姿を人前に晒(さら)す地獄の日々。それでも大切な人々を守るために、ステージに立ちつづける。それが彼女のプライドだった。

9歳年下の若者にひと目惚れ

昭和16年（1941）12月6日、弟の八郎が仏印(ふついん)（現在のベトナム）で戦死したという報が届く。太平洋戦争が始まる2日前のことだった。

屈辱のステージに立ちつづけるのは、弟が軍隊を除隊した後に必要となる金を稼ぐという目的もあった。強い喪失感に襲われる。人に弱みを見せることを極端に嫌う彼女は、嫌なことがあると無理して明るく振る舞って饒舌(じょうぜつ)になるのが常だった。しかし、この時ばかりはそんな気力も湧いてこない。憔悴(しょうすい)した様子は誰の目にも見て取れる。

服部良一が心配して、シズ子のために『大空の弟』という曲を作った。彼女の長い歌手生活のなかで唯一の軍事歌謡。悲しみを少しでも和らげてやりたい。そんな思いを込めた鎮魂歌だった。また、敵性歌手からのイメチェンを図らせる営業的な意図もあったのだろうか。

この『大空の弟』の譜面が最近になって発見され、２０１９年に朝日新聞で報道された。歌詞はカタカナで記されて読みづらいのだが、

「カネテヨリー／アジアヲクルシメター／アオイメヲシタ／ヤンキードモ」

と、冒頭はかなり勇ましい。これをシズ子が地声で絶叫するように唄えばかなりの迫力だろう。敵愾心を煽って戦意高揚を狙う当局が喜びそうではある。しかし、中盤からはところどころに彼女と弟がやり取りした手紙の朗読パートが入り、メロディーラインも優しく癒し系な感じに。シズ子の気持ちに寄り添った服部の苦心の痕跡がうかがえる。

日本の状況はさらに苦しくなってゆく。日米開戦から半年が過ぎたあたりから、アメリカ軍の本格的な反抗作戦が始まった。各地の戦場で日本軍は劣勢に追い込まれている。南方からの補給線が寸断されて、物資の欠乏で兵器生産は滞り、燃料不足で軍

艦を動かすこともできず。軍にとっては戦意だけが頼みの綱だった。

国民が欧米文化に親近感を持ったりすると、敵への憎しみが薄れて頼みの綱の戦意までもが失われてしまう。それを心配した内務省では『セントルイス・ブルース』など米英系の音楽約1000曲の発売と放送を禁じる措置をとった。敵の文化を完全に消し去ってしまおうというわけだ。

敵性歌手の烙印を押されたシズ子にとっては生きた心地がしない。活動の場を奪われぬよう、行動を慎んで細心の注意を払わねばならない。

街で聴かれる流行歌も『若鷲の歌』『同期の桜』など戦時歌謡一色に染められていた。日中戦争が始まった頃にはまだ、戦時歌謡のなかにも故郷に残した家族に思いを馳せる感傷的な曲も見かけたものだが。この頃になると、死を賛美するような歌ばっかりになっている。

しかし、意外なことに戦争初期の頃はあまり流行らなかったそういった歌が、人々の間でよく唄われるようになっている。空襲に備えて防空演習がさかんにおこなわれるようになっていた。いずれは日本本土にも敵機が押し寄せ、爆弾の雨が降り注ぐかもしれない。不安を消し去ろうと、死を賛美する勇壮な歌を唄い空元気をだしていたのだろうか。

シズ子も持ち歌の『大空の弟』の他にも戦時歌謡を直立不動の姿勢で唄わされたことがあった。楽しく唄えるはずもなく、地獄の苦痛はさらに増す。長い歌手人生のなかで最悪の時期だった。

しかし、最愛の男性と巡りあったのもこの頃、まさに地獄で仏といった心境だろうか。出会った日のことはいつまでも鮮明に覚えている。

それは昭和18年（1943）6月28日のことだった。名古屋へ地方巡業にでかけたシズ子は、親交のある新国劇の辰巳柳太郎が同市内で公演していることを知る。挨拶をしようと彼の楽屋を訪れ、そこで偶然に出会った男性と恋に落ちてしまう。

シズ子が楽屋に案内された時、辰巳はファンの芸妓衆に囲まれて楽しそうにしていた。狭い室内は足の踏み場もない状況。あまり長居しては迷惑になりそうなので、挨拶だけすませて帰ることにした。楽屋入口の暖簾に手をかけた時、外の廊下を所在なげにウロついている青年の後ろ姿が目に入る。辰巳を訪ねて来たようだが、女性だらけの楽屋に入ることを躊躇していたのだろう。

青年に声をかけて、中に入るよう促そうとしたのだが……振り返った彼の顔を見て衝撃がはしる。声をだせずに、立ち尽くしてしまった。

辰巳柳太郎（昭和51年〈1976〉撮影／共同通信社提供）

眉目秀麗でアメリカの映画俳優のジェームス・スチュアートに似た雰囲気。と、いうのがシズ子の青年の第一印象だった。上品で育ちが良さそうな貴公子タイプは、ストライクゾーンのど真ん中。彼女は大阪の松竹楽劇部時代に恋焦がれた男性がいたのだが、それも名家出身のイケメンだったという。

相手もシズ子に気がついたようで、チラリとこちらに視線を向けてきた。視線があわさってドキドキと胸が高鳴る。お互い黙ったまま会話することなく、しばらくすると青年は楽屋に入ることを諦めて立ち去った。それはほんの一瞬の時間だったと思うのだが、残像が目の奥に焼きついて消えない。

あの時のシーンを思いだせば、ウキウキときめいて踊りたくなるような気分、ステージでは忘れていた感覚を思いだす。

それから数日後、シズ子が舞台を終えて楽屋に戻ると、吉本興業の名古屋会計主任が彼女に面会を求めて訪ねてきた。吉本興業は戦前からすでに松竹や東宝とならぶ大手資本だが、興行は落語や漫才に特化されている。彼とは挨拶する程度の顔見知りではあるものの、お笑いの世界とは畑違いの彼女とは仕事で関係することはなかった。それが何の用事でわざわざ楽屋まで訪ねて来るのか？　不思議に思ったのだが、とりあえず話を聞こうと楽屋に案内させる。と、心にまた衝撃が走った。彼に伴われて昨日の青年が入ってきたのである。

「じつは、ぼんに頼まれて来ましたんや。ぼんは笠置はんのファンだんねん」

彼はそう言って青年を紹介する。青年の名前は吉本穎右。吉本興業の総師である吉本せいの一人息子だった。

いかにも御曹司らしく、穎右は仕立ての良い高級な背広をお洒落に着こなしていた。が、帽子を取って挨拶すると、その服装には似合わぬ坊主頭。早稲田大学の学生だという。当時の大学生は坊主頭が大半だった。6月に政府が学徒動員に関する決定をした関係で大学の夏休みが早まり、大阪に帰省する道中で名古屋に立ち寄り遊んでいたと言う。

あの時は気がつかなかったのだが、よくよく見れば、その顔には少年っぽいところが残っている。29歳のシズ子とは9歳の年齢差があった。それに気がつくと、ときめいて浮かれていたことが馬鹿馬鹿しく思えてくる。

当時のカップルや夫婦は、女性が年上というのはかなり稀。10歳近い年の差ともなれば、恋愛関係が成立することはまずありえない。相手の年齢を知って冷静になれた。緊張がほぐれ心に余裕ができてくると、

「じつは数日前にもお会いしてましてん。知ってまっか？」

いつもの調子で軽口が叩けるようになる。

「知ってますよ。辰巳さんの楽屋ですよね。会釈したんですけど、なんや知らん顔してはりましたね」

「あの時は、ボウとしてましてん」

「よう言わんわ」

さすがに吉本興業の跡取り息子、漫才師のようにテンポ良く切り返してくる。大阪弁でボケたりツッこんだりしながら語るうち、距離はぐっと近くなり親近感が湧いてきた。楽しく会話ができている。波長があう。恋人同士にはなれずとも、年の離れた姉と弟。そんな感じで楽しくつきあえれば……と、期待も湧いてくる。シズ子は弟の八郎を溺愛していた。多少ブラザーコンプレックスの傾向はあったか？

穎右はこの翌日に、和歌山県の海辺に行って海釣りを楽しんでから実家に帰ると言う。シズ子も翌日には次の公演先である兵庫県の相生へ向かう予定だった。

「それなら、大阪あたりまでご一緒に行きましょか？」

そう言って誘ってみる。街ではデートしているカップルの姿などめったに見かけない時代。戦時下の非常時、そういった行動がひんしゅくを買うことは多々ある。もしもマスコミに見られでもしたら「スヰングの女王と吉本興業の御曹司が逢引き」なんてスキャンダラスな記事を書かれる危険もあった。そうなったら目もあてられない。仕事にも響く。それは分かっていた。また、相手もそのあたりのことは理解して、誘いに乗ってこないだろうと思っている。つまりは社交辞令、軽い冗談のつもりだった。

「いゃ、それは……」

やはり、困惑した顔で言葉を濁している。その態度を見て、可愛いと思う。この後、しばらく歓談して頴右は帰っていった。一人で楽屋に取り残されると名残惜しさが湧きあがってくる。

恋愛下手の奥手、なかなか先に進めない

翌日、名古屋駅に行くと、今度はシズ子が困惑する番だった。改札口に頴右がいる。

「やっぱり道連れさせてもらおう思いまして、もう笠置さんの席も取ってあります」

そう言って彼女のスーツケースを抱えて列車へと先導する。レディー・ファーストが身についている。頴右の洗練された行動に心がまたときめいて、9歳の年齢差が意

識からしだいに遠ざかってゆく。

道中の列車の中では話も弾んだ。シズ子が冗談を言えば、間髪容れずに気の利いたツッコミが返ってくる。やはり、波長があう。穎右はシズ子が列車を乗り換える神戸まで一緒について来て、荷物の上げ下ろしなど甲斐甲斐しく世話を焼いた。

神戸駅のホームで別れの挨拶をすると、名残惜しさがまた胸にあふれてくる。もっと一緒に居たい。立ち去ってゆく穎右の後ろ姿を見つめる。それは、もはや恋する乙女の目になっていた。

相生での興行を終えて東京の家に戻ると、穎右からの手紙が届いていた。名残惜しい気持ちは相手も同じだったようである。

夏休みが終わって穎右が東京に戻ってくると、シズ子は我慢しきれず一人暮らしの彼の家を訪問した。それを2回3回と繰り返すうち親交は深まってゆく。しかし、ふたりは恋人同士といった感じではなく、傍から見ても姉と弟のようにしか映らない。最後の一線は越えず、親しい友達の間柄で止まっていた。

坊ちゃん気質なのだろうか、穎右はおっとりして優しい性格だったという。それをいいことにシズ子は、

「あれを買うてきといてな」

と、横柄な態度で用事を頼んだりする。また、

「なんや、興行師の子せがれの癖に」

などと、小馬鹿にしたような口を聞くこともよくあった。まるで姉が弟をからかうような……それを意識しての言動だったのかもしれない。

ふたりが恋仲になっても、結婚は絶対に許されない。息子が9歳も年上の女性と交際していると知れば、普通の親でも猛反対する。吉本興業の跡取り息子となればなおのこと。周囲から祝福されることのない関係はいずれ破局する。不幸な結末が目に見えている。それなら姉弟のような親しい関係のままで、いつまでも楽しくつき合うほうがいい。深入りせぬよう予防線を張っていたのだろう。

潁右もシズ子にはファンや友人という枠を越えた恋愛感情を抱くようになっている。が、自分の立場を考えると軽はずみな事はできない。沸き起こる恋愛感情を抑えて、擬似姉弟の関係がつづく。

友達以上恋人未満。そこから先になかなか進めない。恋愛ドラマではよくあるパターンで、観ている側にはじれったい。あれこれと理由をみつけて行動を起こさないこ

とを正当化するのは、現実世界でもよく見られること。恋に奥手な者たちにはありがちだ。

舞台の上では奔放な恋多き女といった印象のあるシズ子だが、これまでの実生活で男の影はなかった。松竹楽劇部時代に恋していたという名家出身のイケメンにも、自分からアクションを起こすことができず遠目に眺めるだけ。やがて男性は他の女性と恋仲になってしまい、それを知った彼女はしばらく不機嫌に荒(すさ)んでいたという。

おそらく、穎右がはじめての男だったのでは？

彼女を知る友人・知人にはそう考える者が多い。ふだんは気軽に話しかけて人との距離をずんずんと詰めてくるが、恋がからむと腰が引けてしまう。恋愛下手の奥手は、生真面目で潔癖な性格も災いしていたか。

家族や自分を頼る者たちの生活を守らねばならない。その責任感に心を支配されて、色恋のことを考える余裕がなかったという事情もある。その「責任」が穎右との関係を先に進めないことの理由のひとつ。恋愛感情を押し止める防波堤の役割を担っていたようだ。

しかし、強固な防波堤もやがては決壊してしまう。昭和19年（1944）3月に

「笠置シズ子とその楽団」は解散に追い込まれた。シズ子のマネージャーが彼女に無断で楽団を興行師に転売し、演奏者やスタッフを全員引き抜かれてしまったのである。信頼していたマネージャーの裏切りはショックだが、大勢の人員を養う責任からは解放されて少し身軽になった。それが引金になったのか、

「私たちが具體的に相愛の仲になつたのは、名古屋で知り合つてから一年半後の昭和十九年の暮でした。サイパンが落ちて、今にも本土の上空に大編隊が飛萊するかとの恐怖の中で、それまで撓めに撓められていた私たちの情炎は火と燃えさかりました。」

姉弟の関係を越えてしまった時のことが自伝に綴られている。お互い我慢をかさねてきただけに、そこから先は関係が深まるのは早い。幸いだったのは、戦局の悪化である。米軍機の空襲に怯える世間には、もはや人気歌手と御曹司のスキャンダルに関心を示すような余裕はなかった。

楽団が解散した後も、シズ子は地方の劇場などに呼ばれて細々と歌手活動をつづけていた。昭和20年（1945）3月10日に東京は大空襲に見舞われ、東部の下町一帯が焼け野原に。死者10万人を超える甚大な人的被害も発生した。東京だけではなく、各地の都市が爆弾や焼夷弾による被害をうけている。それでも興行はあちこちの都市

でおこなわれ、老いた父・音吉を養う程度の金を稼ぐことはできた。

　しかし、５月25日になると４００機を超えるＢ29が、東京西部にも飛来して焼夷弾を大量にばら撒いた。中野区や世田谷区などの山手一帯では約17万戸の家屋が焼失し、シズ子と音吉が住んでいた三軒茶屋の借家も焼失してしまう。

　この時、シズ子は京都に巡業中で難を逃れた。音吉も防空壕に避難して無事だったが、すっかり空襲に怯えて郷里の四国に帰ると言いだして聞かない。そのほうが良いのかもしれない。ここのところ巡業で家を留守にすることが多く、年老いた父をひとりで家に残しておくのは心配だった。汽車の切符を手配し当面の生活費を工面して、音吉を安全な四国の郷里に疎開させることにした。


　穎右も空襲で市ヶ谷の借家から焼け出されていた。焼け野原となった東京で、新しい引越し先を探すのは難しい。荻窪に住む穎右の叔父・林弘高が隣にあった空き家を借りて、彼の住まいを確保してくれた。穎右はそこにシズ子を迎え入れて、ふたりは一緒に暮らすことになる。

　林弘高は吉本せいの実弟。せいは会長に就任して実務から離れている。吉本興業は弘高の兄・林正之助が社長に就任して経営を引き継ぎ、弘高はナンバーツーの専務と

東京大空襲で焼き尽くされた東京の下町（朝日新聞社提供）

して東京の興行を取り仕切っていた。

また、弘高には姉のせいから任された大事な仕事がもうひとつ。親元を離れて暮らす甥（おい）の穎右が羽目を外さぬよう、監視役を仰せつかっている。立場上、世間の常識から外れた歳の差カップルを認めるわけにはいかないのだが……。彼が穎右をとめたという話は聞かない。それどころか、自分の所有する家でシズ子が穎右と一緒に住むことを許している。積極的に応援することはしないが、黙認していたようではある。

弘高は、興行の世界にどっぷりと浸（つ）かった姉のせいや兄の正之助とは少し毛色の違うタイプだった。戦前から難関だった中央大学法学部で学び、文学や社会運動にも強い関心をもつインテリ肌。若い頃からお洒落（しゃれ）にもかなり気を遣うモダンボーイでもある。穎右はそんな弘高とウマがあっていたようで、よく相談を聞いてもらっていたという。おそらく、シズ子とのことについても早い段階から、彼には打ち明けていたのかもしれない。

穎右とシズ子の住まいは、小さいながらモダンな感じのする洋館。かつてはフランス人の家族が住んでいたという。弘高はその1階に空襲を逃れてきた知人の家族を住まわせ、2階にあった一室を穎右に与えていた。

シズ子はここで半年余り穎右と一緒に暮らした。他家族との同居で水入らずという

林弘高（昭和30年〈1955〉撮影／日刊スポーツ提供）

わけにはいかないが、ふたりがひとつ屋根の下で暮らしたのはこの時だけ。自分の人生で最も幸福を感じた時だったと、彼女は後に語っている。

昭和20年（1945）8月15日、シズ子は巡業先の富山県高岡市で終戦を知る。彼女を抑圧してきた戦時体制は終わりを告げた。同じような境遇で戦時体制の息苦しさに苛まれてきた淡谷のり子は、

「勝ち負けはどっちでもいい。この閉塞した状況が終わったことにほっとした」

と敗戦を歓迎している。また、多くの戦時歌謡を作曲した古関裕而は、自分が作った歌が多くの若者たちを死地に追いやったことを悔いていた。音楽を通じてこの時代に携わった者たちには「終戦」という節目に思うことが多かったようだが。シズ子はここでも沈黙している。

歌いたい歌を唄うことができない。辛い時代だったが、過去を恨んだり悔やんだりしても仕方がない。というか、この時の彼女には歌よりも大切なものがあった。

穎右とはあいかわらず仲睦まじく暮らしている。彼は前年に結核と診断されて徴兵を免れていた。抗生物質がなかった当時では不治の病、症状を悪化させると命にかかわる。シズ子は経過観察を怠らず、穎右の健康には気をつかった。手料理で滋養のあ

るものを食べさせ、掃除や洗濯もテキパキとこなす。甲斐甲斐しく世話を焼くようになっていた。

戦争の勝ち負けや、それで今後の仕事がどうなるかといった事よりも、いまは穎右の健康が一番の気がかりだ。

「私は非常にわがままな女なのですが、ひとたび身心を捧げる立場になれば、日本女性の御多分に洩れず、ヌカ味噌くさい世話女房になる型なのです。」

当時の心境を綴った自伝からの抜粋。不器用な女だけに、恋と仕事の両立は難しい。すでに意識は穎右だけに向けられている。どうやら歌手を廃業して専業主婦になることを望んでいたようである。

第五章　辛い別れ。そして、歌が残った

戻ってきた「娯楽」の光

ラジオからは軍歌や大本営発表のプロパガンダが聞かれなくなった。昭和20年（1945）8月15日の玉音放送から1週間が過ぎて、灯火管制が解除されると、人々は戦争が終わったことをしだいに実感するようになってくる。

9月2日には東京湾上に停泊する戦艦『ミズーリ』艦上で降伏文書の調印がおこなわれて、連合国軍による占領統治が本格的に始まった。東京の街中にはアメリカ軍兵士の姿が目につくようになる。銀座では戦火を逃れた服部時計店や松屋デパートなどの建物が接収され、日本人立入禁止のPX（米兵専用の物品販売所）になった。また、銀座通りは「GINZA Street」、内堀通りは「1st Street」といった具合に、界隈の道路標識もすべて英語表記に交換されてしまった。

「鬼畜米英」「一億玉砕」などと勇ましい横断幕やポスターを掲げていた街の様相は一変、人々の心境もまた激変する。あれだけ嫌悪したアメリカの支配を受けることを、もはや誰も気にしなくなっていた。

銀座のＰＸ（米兵専用の物品販売所）（昭和26年〈1951〉撮影／朝日新聞社提供）

そんなことを気にしている場合ではない。地方に疎開していた人々、徴兵で各地の基地に配属されていた若者たちが続々と帰京していた。しかし、東京は焼け野原で住む場所はなく、焼け跡には掘っ立て小屋が建ちならぶ有様。駅の地下道や公園には野宿のホームレスや戦争孤児があふれている。また、人が増えれば食料事情がさらに悪化する。冬には餓死者が大量発生するといった新聞報道もあり、誰もが食料を確保するのに血眼になっている。皆が生きるために必死だった。

闇市では進駐軍兵舎から出る残飯を集めて作った雑炊が売られている。そこにも人々が殺到していた。自嘲気味に「残飯シチュー」などと呼びながら、配給品の食料よりも格段に栄養価の高い残飯を喜んで食べる。

「戦争に負けたのだから、しょうがない」

敗戦を理由にすべてを仕方ないと諦め受け入れる。敗戦国の国民という立場は、生き残るため邪魔なプライドを捨てるには都合が良かった。

必死に耐え忍んで戦争に協力した結果がこれでは、バカバカしくもなるだろう。

人々の政治への関心は薄れて、もはや、統治者が日本軍だろうが進駐軍だろうがどうでもいい。支配者が誰であろうが、自分はその下でうまく生き残る術を見つけるだ

東京の闇市（昭和20年〈1945〉撮影／朝日新聞社提供）

け。自暴自棄なようで、どこかたくましくタフな感じもある。それが終戦直後の民衆に共通した生き様だった。

終戦を境にシズ子をとりまく状況も一変している。9月9日になるとNHKが歌謡曲の放送を再開した。また、進駐軍が開設したラジオ放送も始まり、禁止されていたジャズが日本の街中でも聴かれるようになっている。

敵性音楽や敵性歌手はもはや存在しない。シズ子がどこの劇場に出演しようが、舞台の上でどんな動きをしようが自由だ。

穎右との結婚を意識するようになり、その日が来れば歌手を引退して専業主婦になろうと心は決まっている。しかし、いまは好きな歌を唄(うた)って舞台を存分に動きまわりたい。本物の笠置シズ子を観客たちの目に焼きつけておきたいと思う。数年間の鬱屈(うっくつ)から解放されて、久しぶりに唄うことの楽しさを味わっていた。

11月になると日劇(にちげき)が再開された。この劇場は終戦まで米本土を爆撃する風船爆弾の工場になっていたのだが、突貫工事で施設を復旧させたのである。その第1回公演『ハイライト』にシズ子も出演することになり、約4年ぶりにショービジネスの中心地に復帰を果たすことになった。

かつての敵性歌手が東京のど真ん中で堂々とジャズを唄う。これもまた人々に「戦後」を実感させる出来事。日本にまた「娯楽」が戻ってきた。空襲で焼かれてすべてを失ったが、この先は楽しい未来があるのかもしれない。劇場の再開は人々にそんな明るい希望を抱かせる。

12月に入っても『ハイライト』は連日の大入り、興行は大成功だった。劇場のエントランスには大勢の人々が集まり、出演者の名を連ねた看板を眺めている。ひとりの男が「笠置シズ子」の名前が書かれた看板の前に立ち、それを感慨深げに眺めていた。大きなリュックを背負い、顔や服は汽車の煤煙で汚れている。

服部良一はこの日、上海から東京に帰ってきたところだった。鹿児島の加治木港で引揚船を降ろされて貨物列車に詰め込まれ、朝に品川駅にたどり着いた。そこから市電に乗ったのだが、車窓に映る街はどこも焼け野原……1年ぶりに見る東京の変わり果てた姿に驚かされる。銀座で市電を降り、有楽町駅をめざして歩いた。銀座通りは進駐軍兵士が我が物顔に闊歩し、日本人は怯えて道を譲っている。

敗戦国の現実を見せつけられて憂鬱な気分になっていたところで、日劇の前を通りかかり舞台が再開されていたことを知った。

服部の著書『ぼくの音楽人生』にもこの時の喜びが綴られている。

「敗戦の東京に、早くも大衆娯楽の復活のきざしを目にすることができて、ぼくは心を励まされる思いであった」

服部も戦前の教育を受けた日本人なだけに、昨日までの敵国に支配される状況を悔しく屈辱に感じていただろう。しかし、大衆音楽家としてはむしろ喜ばしいことではある。

ジャズは戦時下で敵性音楽として排除されてきた。服部もシズ子と同様に「敵性音楽家」と当局からにらまれるようになり、太平洋戦争が始まった頃になるとレコードの仕事も極端に減っていた。

損失分を補うため頻繁に外地へ出稼ぎするようになる。新京（現在の吉林省長春市）にある音楽団の指揮を依頼されるなど、現地に長期滞在することが多くなっていた。昭和19年（1944）6月になると陸軍報道班員として「音楽による文化工作を行うこと」を命じられ上海に配属されることになった。

服部は満州映画のスター・李香蘭を上海に招き、上海交響楽団の伴奏で彼女のコンサートを催すことを提案した。上海交響楽団はイタリア人やロシア人の一流ミュージシャンをそろえており、東洋随一のレベルを誇っている。その楽団を指揮してジャズを演奏するのは、戦前からの夢でもあった。報道班を統括するのは陸軍将校だったが話のわかる人物で、彼の思惑を察しながらも、

「李香蘭を迎えてのお祭り騒ぎだ。おおいに派手にやりましょう」

そう言って黙認してくれた。戦前からの国際都市である上海には、自由で進歩的な雰囲気があふれている。外国人も多いだけに、日本内地では敵性語として使用を禁じられた英語が街中ではよく聞かれた。軍人たちも多かれ少なかれその空気に感化されていたようで、敵性音楽にも柔軟な態度をみせる。

上海に招かれた李香蘭は、当時の満州や中国では絶大な人気を誇る映画スター。だが、その正体は山口淑子(やまぐちよしこ)という日本人だった。父の仕事の関係で幼い頃から満州で暮らし流暢(りゅうちょう)な北京語を話せたことから、国策映画会社・満州映画協会（満映）が目をつけてスカウトし、中国人という触れ込みでデビューさせたのである。日本内地でも彼女が唄う映画の主題歌が次々にヒット、アジアの歌姫として人気があった。

服部は李香蘭のヒット曲『夜来香』をジャズ調に編曲し、『夜来香幻想曲』と名付

けた譜面を書き上げる。李香蘭が上海にやって来るとさっそくそれを唄わせてみたのだが、

「唄いにくいです。お尻がむずむずして、じっと立っていられません」

彼女は首を傾げて、馴染みのないリズムに困惑した。

じっとしていられない。その言葉を聞いて服部は、してやったりとほくそ笑む。唄っている歌手も聴いている観客も、心が弾んでじっとしていられず踊りたくなるような曲……それが狙いだったのだから。

『夜来香幻想曲』にはブギウギのリズムが使われている。これは1920年代に確立されたピアノ奏法。左手で絶えずエイトビートのリズムを刻みながら、右手でメロディーを奏でるというものだ。一定の間隔で繰り返されるビートはノリが良く、つい体を揺すって踊ってしまう。アメリカではダンスパーティーによく用いられた。

太平洋戦争が始まって間もない頃、服部はブギウギの譜面を入手して興味をそそられる。日本の大衆にもウケると直感した。

しかし、この頃はすでにジャズの演奏は禁じられており、これを試す機会がない。そのため封印していたのだが、軍上層部から暗黙の了解を得た今回のコンサートはま

山口淑子（李香蘭）（昭和21年〈1946〉撮影／共同通信社提供）

たとない実験のチャンスだった。

コンサートはグランドシアター（上海大光明電影院）で催された。これは1928年に完成した東洋初の映画館、上海でも最大規模の収容人数を誇る大劇場である。李香蘭が慣れないリズムに戸惑いながらも『夜来香幻想曲』をステージで唄いあげると、満員の観客席は総立ちで拍手喝采が鳴りやまない。

演奏を指揮する服部の背中にも、観客たちの熱が伝わってくる。やはりブギウギのリズムには大衆を夢中にさせる不思議な魅力がある。実験は成功だった。いつか日本でもこれをやってみたい。その時には誰に唄わせようか……。そう思った時、服部の脳裏にはシズ子の姿が浮かぶ。腹の底から沸き立つような声を響かせて唄い、気分が盛りあがれば舞台の上を弾けて動きまわる。そんな彼女にブギウギはうってつけだ。

穎右の帰阪とシズ子の妊娠

服部は自宅に帰って妻子の安全を確認すると、すぐに有楽町に引き返して日劇の楽屋を訪ねている。シズ子との再会を喜びあい、その翌月の昭和21年（1946）1月、シズ子は服部家に引っ越して下宿することになった。

穎右とはあいかわらず仲睦まじく、その関係はすでに周囲の知るところ。いずれ穎右の母・吉本せいの耳にも入るはずだ。せいが知ったら交際に猛反対するだろうけれど、これは気長に説得するしかないと思っている。穎右は大学を中退して、この春から吉本興業東京支社に就職することになった。息子が一人前に働くようになれば、折れて交際や結婚を認めてくれる可能性はある。

そのためにも、ここは一旦けじめをつけたほうがいい。

結婚前からひとつ屋根の下で暮らしているというのはまずい。それでせいの心象を悪くすると話がややこしくなる。また、会社で噂が立てば、新入社員の穎右はなにかとやり辛くなるだろう。穎右と離れて暮らすのは寂しいが、大きな幸せをつかむためには、ここが我慢のしどころ……と、しばらく離れて暮らすことにしたのである。

しかし、東京は空襲でどこも焼け野原。住宅難で借家や下宿先をみつけるのは難しい。シズ子からそんな話を聞かされた服部が、空いている2階の部屋を彼女に提供すると言う。服部家は西荻窪にあり、穎右が暮らす荻窪から近い隣駅だった。これは好都合。師の好意をありがたく受けることにした。

服部もまたシズ子を家に住ませることは都合がいい。作曲家の仕事を再開しようとしている彼にとって、歌手・笠置シズ子が手元にあるということは大きな武器になる。それだけではない。生きることに不器用なシズ子を、危なっかしく思い、放ってもおけなかった。自分が面倒を見てやらなければと、手のかかる可愛い妹のようにも思っている。

服部の妻もシズ子には親切だった。仕事が遅くなった日も必ず温かい食事を用意するなど、親身になって色々と世話を焼いた。服部の息子で後に作曲家として活躍する服部克久(かつひさ)が、シズ子と一緒に暮らした頃のことをよく覚えている。当時10歳だった彼にとってはちょっと面倒くさい「親戚(しんせき)のうるさいオバちゃん」といった感じだったという。とにかくよくしゃべって騒々しかったとか。家庭の温かみを感じながら暮らす日々、彼女にとっては居心地の良い下宿先だったと思う。

服部はシズ子とコンビを組んで戦後の活動を再開するようになる。彼女は3月から有楽座(ゆうらくざ)で『舞台は廻る』という舞台に出演していたが、服部がその音楽を担当している。共演は〝エノケン〟の愛称で国民的人気を誇る喜劇王の榎本健一(えのもとけんいち)。劇場は連日満員の盛況だった。

この後もシズ子とエノケンの共演による舞台や映画が多く作られ、そちらの音楽も

帝国劇場の舞台で共演した笠置シズ子と榎本健一（昭和27年〈1952〉撮影／毎日新聞社提供）

服部が担当した。

昭和21年（1946）1月になると『リンゴの唄』のレコードが発売される。この曲は前年秋に公開された戦後初の映画『そよかぜ』の主題歌だった。

餓死者が発生するような極限状況。人々が血眼で生きるための食料を求めて歩きまわっていた頃だ。物資不足によるハイパーインフレも発生している。闇市で売られる『リンゴの唄』のレコードには、庶民の1カ月分の収入に相当する100円の値がついていたという。それにもかかわらず7万枚も売り上げて戦後歌謡のヒット曲第1号となった。

闇市ではラジオから『リンゴの唄』がよく流れている。並木路子（なみきみちこ）の澄んだ歌声を聴いて人々は表情を和らげる。殺伐として暗い時代だからこそ、明るい歌が求められたのだろう。ブキウギは日本の大衆にもウケるはず。服部はそれを確信していた。上海での勾留（こうりゅう）が長引いて仕事への復帰が遅れてしまったが、『リンゴの唄』につづく戦後歌謡のヒット曲第2号は自分が……と、そんな野心が沸き起こる。

「笠置君は私の協力者として、まことにウマの合う歌手である」

と、服部は語っている。最も信頼ができる仕事のやりやすい歌い手だった。曲を作っている時も、これを彼女がどういうふうに歌うのか、手にとるように分かる。だから譜面にもあまり細かい指示は書かない。

シズ子なら、何を言わずとも自分が望むように唄ってくれる。これだけしっくりとくる相手はいない。世間を驚かすような新しいことに挑むのなら、そのパートナーとして思い浮かぶ相手は彼女しかいない。

いまはふたりとも忙しく時間が取れない状況ではある。しかし、それは理由にならない。ふだんは優しく物腰も柔らかい服部だが、音楽がからむと非情な鬼になる。徹夜仕事も厭（いと）わぬタフな男でもあり、やる気になればシズ子がどんなに疲れていようがレッスンを強行しただろう。以前の彼女なら、それに根をあげることなく耐えたはず。

服部が知る歌手のなかでも、シズ子ほど練習熱心な者はいなかった。練習のやりすぎで喉（のど）を潰（つぶ）しても、懲りることなく歌いつづける。その根性にはいつも感服させられた。しかし、いまの彼女は違う。唄うことよりも穎右に夢中だった。性格的に恋と仕事の両立は難しい。吉本家の許しが出て一緒になれる状況になれば、あっさり引退するつもりなのかもしれない。ウマがあう相手なだけに、口に出さずともシズ子の考えていることは分かる。

そんな心境で、厳しい練習について来ることができるだろうか？　新しく事を始めるには、全精力をそちらに向けて取り組む必要があるのだが、いまのシズ子にそれができるのだろうか、と。服部は躊躇(ためら)っていたのかもしれない。

そんな師匠の思いをシズ子は知らず、この頃は、穎右と暮らすための住まいを物色していた。舞台や映画の仕事を精力的に引き受けるのも、そのための資金を貯める目的が大きい。日々忙しく穎右と会えないことも多くなっていたが、お互い冷めるどころか余計に盛りあがっているようだった。

会えないぶん、手紙でのやり取りが増える。文面から穎右の優しい人柄やシズ子への深い愛情が感じられて、なおさら好きになってゆく。しかし、手紙のやり取りだけでは分からないこともある……。穎右は結核を患っている身だ。シズ子を心配させまいと病状については何も語らず、たまに外で会ってデートした時も気丈に振る舞っていたのだが、じつは、この頃になると症状が現れるようになっていた。体調が悪く寝込む日もある。

また、母親の吉本せいもめっきり老け込んで気弱になっており、彼に大阪へ戻って来て欲しいと言いだした。

大阪の自宅でしっかり治療して、その間に母を説得して結婚を認めさせる。シズ子

吉本せい（昭和25年〈1950〉撮影／共同通信社提供）

とはしばらく会えなくなるが、ふたりの将来のためにはそのほうがいい。穎右はその考えに傾いている。

そして5月になった頃に穎右は決断した。シズ子には「母のことが心配だから」とだけ言って、大阪の吉本本社に転勤することを伝えた。それも嘘ではないのだが、自分の体調については一切触れない。

シズ子は母のうめに十分な孝行もせぬうちに先立たれたことが、いまも強い心残りになっている。穎右にはそんな思いをさせたくない。引き留めることができず、

「わてらは、まだまだこれから。しばらく離れるのは辛いけど、お母さんはもうお年ですよって万一ということがあります。思い切り親孝行してください」

そう言って背中を押す。穎右が親孝行できるのはこれが最後のチャンスかもしれない。自分がその邪魔にはなりたくない。彼が次に東京に戻ってきた時には、籍を入れて一緒に住めるようになるだろう。この時にはそんなハッピーエンドを信じていたから、耐えて待つ覚悟ができた。

翌月には仕事の引き継ぎが完了し、穎右は大阪行きの汽車に乗る。シズ子も同行している。途中下車して琵琶湖岸の旅館で1泊し、湖畔の宿で水入らずに過ごす貴重な

時間を楽しんだ。湖を眺めて『湖畔の宿』をふたりで歌ったのを覚えている。

その翌日には東海道線の大津駅で大阪へ向かう穎右を見送り、シズ子はひとりで東京に戻った。7月には日劇、8月からは有楽座で舞台出演の予定が入っており、あいかわらず忙しい。しかし、秋になると体調に異変を感じるようになってきた。10月に産婦人科の診察を受けてみたところ、妊娠3カ月であることが判明する。

さて、どうするか。ふたりの交際は母のせいにも知られて、強硬に反対しているという話を伝え聞いている。穎右は以前から、母が結婚を許さなければ自分は家出してでも一緒になると言っていたのだが。自分が原因で親子の仲が引き裂かれるような事態は避けたい。だが、このままでは産まれてくる子が私生児になってしまう。結婚についてはとりあえず置いて、せめて認知だけでもしてもらわねば。いまは子どもを不幸にせぬことを最優先に考えることにした。産まないという選択肢はない。

急いで穎右に連絡して妊娠を伝えたのだが手紙では要領をえない。12月には関西で公演があり、その時に彼と会って今後のことを話し合うことにする。

関西公演が始まる頃には、腹が少し大きくなり「笠置シズ子は妊娠しているのではないか?」などという噂が飛び交うようになっていた。

神戸の劇場に出演中、穎右が楽屋を訪ねてやって来た。久しぶりに見る彼は少しやつれて疲れた感じだったが、表情は明るい。すでに父親になる決意をしている。シズ子に会って腹の子が順調に育っていることを確認すると、それを素直に喜び、

「子どもが産まれたらすぐに自分が認知して入籍の手続きを取る」

そう言ってくれた。また、年が明けたら母や親族にシズ子との関係を打ち明けて、結婚の意思を表明するつもりだという。

「だから安心して、元気な子どもを産んでくれ」

妊娠を知ってから数カ月、不安に苛(さいな)まれながらひとりで過ごす日々。それが一瞬で消滅しまうほどに威力のある言葉だった。

穎右の死

関西公演を終えてシズ子が東京に戻ると、服部の発案で名作オペラをジャズ・ミュージカル化した舞台の企画が進められていた。昭和22年(1947)1月末から日劇で『ジャズ・カルメン』が開演されることが決定しており、服部はその主役にシズ子

を起用したいと考えている。

舞台は2週間の長丁場、身重(みおも)の体ではリスクが大きい。しかし、シズ子はオファーを受けることにした。当時は世界的にも斬新な企画であり、敗戦国の大衆音楽家が文化復興の気勢を示したとして世間の注目が集まっている。成功すれば服部の名声もあがるだろう。これまでの恩返しのつもり。また、シズ子はこの舞台を最後に芸能界とは縁を切り、残りの人生は最愛の穎右と子どものために生きようと心に決めていた。いわば芸能生活の集大成。これまで磨いてきたものをすべて出し切って、笠置シズ子という存在を人々の目に焼き付けておきたい。忘れることのできないインパクトを世間に残したい。そんな思いもあったのだろう。

年が明けた昭和22年（1947）1月29日に舞台は初日を迎えた。すでに妊娠6カ月で腹はかなり大きくなっている。「カルメン妊娠す」などと新聞で報道されたことから、スキャンダラスな話題でも盛りあがり劇場は満員の盛況。シズ子は大きな腹をスカートとショールで隠して舞台に立った。山道を模した舞台上の急な階段を駆け下りる時には、何度も足を踏み外しそうになり関係者をひやひやさせている。

千秋楽を迎える頃には心身ともにかなり疲弊していたが、やり遂げたという達成感で心は満たされる。これで思い残すことなく引退できる……。いや、ひとつだけ心残りがあった。穎右に最後の舞台を見てもらえなかったことだ。

穎右はシズ子の最後の舞台を観るために上京する予定だったが、急な仕事が入って関西を離れることができないという。

「まあ、しゃないな」

残念だったが、この時はそれで納得した。ふたりの交際に反対していた穎右の母・せいもシズ子の妊娠を知ってからは急に態度が軟化して、芸能界引退を条件に結婚を許すと言ってきた。彼女は最初からそのつもり。もはや、結婚を邪魔する障害は何もない。

吉本家の相続問題などを整理した後、穎右は再び東京に戻って働くことになっていた。年内には産まれてくる子どもと3人で一緒に暮らせる目処が立ったことで、シズ子は東急玉川線の松陰神社前駅に家を買った。居間には穎右が好きだという蕪村の掛け軸をあしらい、また、風呂好きの彼のために風呂桶は大きなものを新調している。新居でゆっくりくつろいでもらえるように準備を整え、彼がやって来る日を待ちわびていた。

3月には穎右の仕事も一段落する。その時に一度上京して、新居を見に来ると言っていた。しかし、桜の花が咲く月末になっても彼はやって来ない。今年は一緒に花見をしようと楽しみにしていたのだけれど、それは難しそうだ。ここ最近は手紙の返信も戻ってこない。様子がわからず気を揉(も)みつづける。

4月になってから、穎右本人ではなく吉本本社の営業部長を名乗る人物から連絡があった。それによれば多忙で徹夜仕事がつづき、いまは風邪をこじらせて寝込んでいるという。なぜ本人が連絡してこないのか、それほど体調が悪いのだろうか？　結核の病巣をかかえていることもあり不安だった。居ても立ってもいられず、

「もうこうなったら、わてが大阪に行きます」

汽車を予約しようとしたのだが、主治医や周囲の人々から止められる。来月には出産予定の臨月をむかえる。大きな腹をかかえて家の中を歩くことさえ辛(つら)い。そんな状態で旅をするのは危険だ。特急列車はまだ復活しておらず、戦禍で疲弊した鉄道が遅延することは日常茶飯事。大阪まで10時間以上も狭く固い座席に座りつづけるのは、身重の体に過酷すぎる。ここは耐えて連絡を待つしかない。

シズ子はせっかちだ。心配性なだけに、じっとしていると不安や焦りに押しつぶされそうになる。せわしなく動きまわって、手段を尽くすことで紛らわせていたのだが。

いまはそれもできず、ただ待ちつづけるだけの日々。辛い。一日がとても長く感じられる。

5月に入ると出産はいよいよ秒読み段階。本当ならいまごろは穎右も側にいて立ち会ってくれる予定だった。大阪の吉本本社から病状は快方に向かっていると連絡はあるのだが、それは信じていない。1カ月以上も病床に臥(ふ)しているのだ。ただの風邪ではないことはシズ子もすでに察して、最悪の事態を覚悟していた。抗生物質が普及していない当時、結核は不治の病。発病してしまうと助からない。

子どもの顔だけは見せてやりたい。入籍や自分たちの将来のことよりも、いまはそれだけを望んでいる。しかし、そのささやかな希望もあえなく打ち砕かれた。

5月20日、穎右の訃報(ふほう)が届く。

前夜に息を引き取ったという。シズ子は出産予定日が来て産婦人科病院に入院していた。1週間ほど前に穎右の容体が悪化して、梅雨の時期まで持つかどうかといった話を聞かされている。それなりに覚悟はしていたのだが、せめて産まれるまで待てなかったのか……。

穎右には1年以上前から自覚症状があったのだが、シズ子を心配させまいと彼女の前では気丈にふるまい隠しつづけた。1月に上京を取りやめたのも、もはや汽車に乗れるような状態ではなかったのだろう。それに気がつかなかった自分にもまた腹が立つ。後悔の念に苛まれた。

穎右の訃報を聞いた時、シズ子はかなり取り乱し、病院の外にも聞こえるほどの声をあげて泣き叫んだという。

「悲しいのは分かる。でも、いまは立派な子どもを産むことだけを考えなさい。穎右さんもそれを望んでいますよ」

マネージャーがそう言って慰めた。彼は東京の吉本支社で穎右と一緒に働いていた人物で、戦前にはコロムビアに勤務しておりシズ子も旧知の仲だった。穎右は東京を去る時に、彼女のマネジメントを彼に依頼していた。その後は彼が穎右に代わって公私にわたりシズ子の世話を焼くようになっている。

彼は穎右との連絡役でもあるだけに、ふたりが深く愛しあっていたともよく理解していた。シズ子の悲しみや喪失感の大きさを考えると、もはや、次にかける言葉が見つからない。泣き叫ぶ彼女をただ見守るしかなかった。この様子では当分は立ち直れないだろう。そう思っていたのだが……しばらくするとシズ子はピタリと泣き止み、

「ようわかりました。もう取り乱しまへん」

何かを決意したようにそう言う。一人息子に先立たれた母のせい、訃報を告げに来たマネージャーも悲しい気持ちは同じだろう。それなのに、自分だけが取り乱してどうする。持ち前の負けん気が頭をもたげ、泣くのが恥ずかしいという気持ちになってきた。

感情の起伏が激しく涙もろいシズ子だが、あいかわらず、立ち直りも早い。穎右を失った悲しみはいつまでも消えることはない。が、泣き叫んだところで穎右が生き返ることはなく、運命は変えられない、受け入れるしかない。意味のないことに労力を使っているよりも、いまは出産という大仕事に集中することだ。自分のやるべきことを思いだして落ち着きを取り戻す。

しかし、それから数日が過ぎてもなかなか陣痛がこない。出産予定日はとっくに過ぎている。

「穎右さんの霊があなたのお腹に宿るのに手間取っているのでしょう。そのうち、彼にそっくりな赤ん坊が生まれてきますよ」

様子を見に来たマネージャーが冗談を言って笑わせる。

それからさらに数日が過ぎて陣痛が起こり、穎右が生前に着ていた浴衣(ゆかた)と丹前(たんぜん)を持ち込んで分娩室に入った。浴衣からは懐かしい彼の匂いを感じて、初産の不安や激痛を和らげてくれたという。

6月1日、シズ子は女の子を出産した。3150グラムの体重は、当時としてはかなり大きな健康優良児。小柄なシズ子とは違う。長身だった穎右の体格を受け継いだのだろう。女児ではあるのだがマネージャーが言うように穎右の生まれ変わりのようにも思えて、いっそう愛おしくなってくる。

子どもには穎右の名をとって「エィ子」と名付けることにした。乳を与えると、大柄な赤ん坊だけに乳を飲む勢いが凄まじい。旺盛な生命力を感じる。シズ子の心の中にも新しい意識が芽生えてくる。

「この娘のために、うちも気張らなあかん」

家族を養うため必死で芸を磨いて仕事をしていた時のように、使命感が体のなかに満ち溢れてくるのを感じた。

レールの下から沸き起こる新しい時代のリズム

産院から自宅に帰って間もなく、シズ子は服部良一のもとを訪れた。穎右のことが

あるだけに服部も心配していたのだが、

「いつまでもクヨクヨしとっても、しょうがおまへん。もうワテも若くないし、子どもがある身や。早く仕事に復帰しようと思ってまんねん」

部屋に入るなり早口でまくしたて、自分が唄う曲を作ってほしいと懇願してきた。これには服部も少し面食らったようだが、

「そういうこっちゃから、センセ、よろしく頼んまっせ」

表情は吹っ切れた感じで明るい。これならやれそうだ。と、彼女の願いを快諾する。ブギウギのリズムで日本の大衆を沸かせるという、長い間温めてきた構想をついに実現させる時が来た。

シズ子が服部のもとを訪れる少し前に、彼は疎開先から戻ってきた野川香文と銀座で久しぶりに酒を飲んだ。野川は日本のジャズ評論家の草分け的存在で、淡谷のり子の『雨のブルース』など歌謡曲の作詞も数多く手がけている。流行歌の潮流を見極める鋭い観察眼をもつ男だった。この時もふたりで戦後の大衆音楽の方向性について意見を交わしたという。

当時の銀座は街灯がなくて薄暗い。空襲で破壊された廃墟もそこかしこに残ってい

る。明るい未来はいつになっても見えてこない。終戦から2年が過ぎると、人々の表情にも諦めの色が滲むようになる。裏路地には進駐軍兵士を相手にする街娼の姿がよく見掛けられ、服部たちが入った酒場では当時ヒットしていた『星の流れに』が流れていた。「こんな女に誰がした」と、娼婦に落ちた我が身を嘆く悲しい歌だ。それを聴きながら、

「こんな時代だからこそ、流行歌はもっと明るく楽しいリズムで行くべきだ」

野川が言う。

「それなら、ブキウギがいい」

服部は即座に反応して叫ぶ。そして、

「それだ、そいつだ」

と、ふたりは肩を叩きあい、意見が一致したことを喜んだ。このことがあってから服部の確信はますます深まっている。

彼はシズ子と会ってから、すぐに曲づくりにかかる。譜面に音符を書いては消して試行錯誤がつづく。頭の中には常に音符を浮かべていた。とある日、都心で所用をすませて西荻窪の自宅へ帰ろうと中央線の電車に乗ったのだが、レールの振動がエイトビートのリズムのように感じられて、頭の中に浮かんでいた音符とシンクロする。そ

こからはどんどんイメージが湧いてきた。

電車が駅に着くと急いで近くの喫茶店に駆け込み、思い浮かんだ曲の音符をもとに紙ナプキンに書き込む。家に帰ってからピアノで弾いてみると、

「これだ！」

リズムにあわせて体が動き、なにやら楽しい気分に。心が湧き立つ不思議な心地になってくる。

曲が完成すると、上海で親しくしていた同盟通信社の記者・鈴木勝に聴かせてすぐに作詞を依頼した。彼は文学青年だが作詞の経験はない。これまでの日本にはなかった新しいリズムの流行歌を作るのだから、作詞は熟(こな)れたベテランよりも既成概念にとらわれない新人のほうがいいと服部は考えていた。鈴木はイギリス人とのハーフでバイリンガル、普通の日本人にはない感覚を持っている。そのあたりも期待していた。面白い化学反応が起きそうだ、と。

そして夏の終わり頃、シズ子が待ちわびていた新曲が完成する。

曲名は『東京ブギウギ』と名付けた。その譜面を眺めながら、足を踏み鳴らしてリズムを取ってみると、

マイクの前で唄う笠置シズ子（昭和24年〈1949〉撮影／毎日新聞社提供）

「やっぱり、これは笠置君しか唄えないな」

服部はあらためてそう思った。作った曲が歌手の個性に合っていなければ、せっかくの曲が死んでしまうというのが彼の持論。クセの強いシズ子の歌い方や声質には、もってこいの曲に仕上がっている。また、この曲はそれを歌う歌手の表情や体の動きにも、楽しくウキウキとした気持ちがあふれていなければ観客に伝わらない。それにも彼女はうってつけ。そんなパフォーマンスができる歌手は他にいない。

さっそくレッスンを開始する。シズ子は李香蘭のように違和感を訴えることなく、むしろ、これまで彼女に歌わせたどんな曲よりも乗りが良い。ピアノの伴奏にあわせて楽しげに体を揺らし、表情や歌声には精気が満ちあふれている。

「もっと体を揺らせてジグザグに動け。踊るんだ。踊りながら唄うんだ。それがブギなんだ」

と、服部の指導も熱を帯びてくる。

第六章　ブギの女王

東京ブギウギ

昭和22年（1947）9月10日に『東京ブギウギ』のレコーディングがおこなわれた。当時のレコード録音は楽団の生演奏が入る。マイクの前に立つシズ子を取り囲むようにして、録音室には指揮者の服部や大勢の演奏者がひしめいていた。そこに、

「Hey! It looks like here」

「Let's all go in」

騒がしい声とともに数人の米兵が入って来る。

当時、ビクターレコードの録音スタジオは内幸町（うちさいわいちょう）にあったのだが、すぐ隣にある政友会（せいゆうかい）ビルは進駐軍兵士の娯楽施設として接収されていた。そこからやってきたようだ。作詞家の鈴木勝は日英ハーフのバイリンガルで、進駐軍兵士にも知人が多い。彼は知り合いの兵士に、日本人が唄（うた）うブギがレコードになることを話していたという。それに興味をそそられて、仲間を誘い見学に押しかけてきたのである。

大柄な米兵たちがドヤドヤと入ってきて、狭い録音室は身動きの取れない状況に。ビール瓶を片手に酔っている兵士もいるから騒がしい。しかし、相手は日本を占領統

治する権力者、誰も逆らえなかった。録音中に騒いで邪魔をしないかと、関係者はヒヤヒヤしたが。幸い米兵たちは常識をわきまえていたようで、服部が指揮棒を構えると声はピタリと止んだ。

指揮棒が振り下ろされる。楽団のイントロ演奏につづいて、シズ子が曲に乗って歌い始めた。叫ぶようなパンチの効いた声が響きわたる。すると、米兵たちは曲にあわせてスイングする。表情には笑みがあふれていた。シズ子の顔もまた笑顔に、兵士たちの動きとシンクロして大きく肩を揺すり踊るように唄う。

シズ子は少女歌劇の舞台からスタートして、歌を本業とするようになってからも舞台の上を主戦場としてきた。レコーディングスタジオの壁や映画撮影現場のセットを眺めながら唄うよりも、大勢の客の前で唄うほうがしっくりとくる。客が笑顔になれば、彼女もまた乗ってきてアクションは大きくなる。歌声はより強く響きわたる。

唄う者と聴く者たちが楽しい時間を共有する、録音室にはライブハウスのような一体感が生まれていた。録音終了を告げる「ＯＫ」のランプが灯った瞬間、兵士たちは全員がスタンディングオベーションで拍手。指笛を鳴らして大喜びしている。

ブギウギの本場からやってきた彼らがそれに違和感を覚えることはない。母国のダンスパーティーなどでよく耳にしたリズムなだけに、すぐに乗って心地よさげにスイングする。この曲を聞かせるには最良の相手だった。ライヴの成功は、それを聴く客の資質にもかかっている。おかげでシズ子の歌唱も最上の仕上がりに。米兵の乱入は偶然ではなく、これも名曲が生まれるのに必要な要素だったのかもしれない。

シズ子はレコーディングを終えた同月、大阪の梅田(うめだ)劇場のショーに出演した。現在の「HEP NAVIO」のある場所に、当時は梅田劇場や北野(きたの)劇場、梅田東宝会館といった映画館が並んでいた。いずれも1000席を超える収容人数を誇り、演劇や歌謡ショーなどの興行にもよく利用されていたという。

大阪が本拠である吉本興業の御曹司と恋仲になり、忘れ形見を出産したばかり。話題性もあって大勢の客が押し寄せた。しかし、ショーが終わった頃には、そんなスキャンダルなど客たちの頭から消し飛んでしまっている。

このステージで『東京ブギウギ』がはじめて披露された。ブギのリズムは彼女の心のリミッターを外すトリガーにもなったようだった。顔に満面の笑みを浮かべながら、雄叫(おたけ)びをあげるように顔を歪(ゆが)めて大きな口を全開にして歌声を響かせる。曲の間奏では足を高くあげて、奔放に踊り動きまわった。

HEP NAVIO（大阪市北区）

生真面目な表情を崩さずに直立不動で唄う。そんな歌唱スタイルしか見たことのない当時の人々には鮮烈なインパクト。日本人の観客は米兵たちとは違って、音に即反応して体を動かし乗ってくるようなことはなかった。爆発するようなパフォーマンスの激しい衝撃波に襲われて、呆然（ぼうぜん）となってしまう。しかし、少し時間差をおいてから、シズ子の笑顔につられて表情筋はしだいに緩んでくる。彼女の踊りに合いの手を入れるように、遠慮がちに肩を揺すりはじめる。すると、何やら楽しい感情がじわじわと沸き起こってくる。敗戦国の屈辱や生活苦もすべて忘れさせてくれるような……底抜けの明るさに引き込まれていった。

「今まで押さえられていた重しが、一ぺんに皆はずされてしまつて、糸の切れた風船玉みたい。それも、ふつと飛び上がるといきなりパチンと破裂してしまつたのもあるという、てんやわんやの状態です。混亂とか虚脱とかむつかしいことがいわれましたが、評論家などという方は本當にうまいことをいうものです。實際、そういう雰囲気でした。そこへ発表されたのが、服部良一先生の〈東京ブギウギ〉でした。いやな悪夢から解放されて、わたしは〈東京ブギウギ、リズムうきうき、心ずきずきわくわく……〉と久しぶりに自分の故郷に帰つたような気持ちで、聲を張りあげて歌いました」

雑誌『丸』（1949年10月）で、シズ子本人が『東京ブギウギ』が発表された当時の心境や世の反応についてこのように語っている。

その後も各地の劇場で『東京ブギウギ』が披露された。12月に公開された映画『春の饗宴』の挿入歌にもなり、さらに多くの日本人に聴かれるようになる。

テレビ放送のないこの頃、大衆娯楽の中心は映画だった。映画の主題歌や挿入歌に使われることがヒットの必須条件。映画のタイトルと同名の主題歌が様々なシーンで流れる〝歌謡映画〟と呼ばれる作品も多く公開され、人々はそれを現代のミュージックビデオを観るような感覚で楽しんでいた。

映画の効果もあって『東京ブギウギ』は日本津々浦々、電気が通っていないような田舎に住む人々の間でも知られるようになった。作詞家の阿久悠も淡路島で暮らす小学生だった頃にこの曲を聴いて大きな衝撃をうけている。

「アナーキーさに怯んでしまったのか、エネルギーに圧倒されて立ちすくんだのか、楽天性にあきれかえったのか」

と、彼は著書『愛すべき名歌たち　私的歌謡曲史』に記している。12歳の少年にとっては、初めて酒を飲んだ時以上の混乱と衝撃を覚えたという。大人たちもまた、そんな刺激や衝撃を共有していたのかもしれない。

食料事情はかなり改善されて、極限状況を脱した感があった。進駐軍に命じられた民主改革が一段落して世は落ち着きを取り戻しつつあり、人々は〝終戦直後〟という大混乱期がもうすぐ終わることを予感している。

そろそろ新しい社会を築くため、前に向かって歩き出さねばならない時期にきている。分かっているのだが、過去に信じてきた価値観はすべて否定されて何をどこから始めればよいのか……。指針を失って迷走する心は、強い光が指す方向に引き寄せられる。そんな世界にブギウギの女王は降臨した。

日本中がブギのリズムに踊らされて

昭和23年（1948）1月に『東京ブギウギ』のレコードが発売されると、たちまち27万枚を売り上げる空前のヒットを記録した。蓄音機のある喫茶店やバーでは、客のリクエストで繰り返しこの曲がかかる。街頭ラジオでもシズ子の歌声を聴かない日はなく、人々の足取りもブギのリズムにあわせて軽やかになっていった。

数カ月前の街では『星の流れに』がよく聞こえていた。ひとつヒットが生まれたら、それにあやかり似たような曲が増えるのはいまも昔も変わらない。街には虚無感や悲しみのある歌詞やメロディーの曲があふれていた。そんな重くて沈滞した空気を、底抜けに明るいブギのリズムが吹き飛ばした。

和製ブルースは、日本人の好むセンチメンタリズムによく馴染む。希望を失いつつある者たちは「自分のせいじゃない」「時代が悪い」といった責任転嫁をしたくなる。そんな思いを肯定してくれるような歌が心地よい。闇市のカストリ焼酎を飲みながら、こんな時代に生まれた自分の不運を恨んでクダを巻く。それにはおあつらえ向きなBGMだった。だが、いつまでもそれではいけない。

服部良一が銀座の酒場で『星の流れに』を聴きながら、音楽評論家の野川香文と意見を交わしてシズ子にブギウギを歌わせる意志を固めたという話は前章でも書いた。〝大衆音楽家〟と公言している彼は、大衆の心をつかむ感の良さには定評がある。

「流行歌のむつかしさは大衆の好むところにピントをあわすことのむつかしさです。この大衆という主体は常に動き、流れていて一刻も停滞していない。作曲家はその大衆の流れにつれて、はやからずおそからず、また、低からず高からず、いつも巧みに歩調を合わせて行かなければならない」

『週刊娯楽よみうり』（1955年12月16日号）に、このような彼の談話が掲載されている。センチメンタルな和製ブルースが大流行している頃、大衆がそれに飽きはじめていることをすでに察知していたのだろうか。

『東京ブギウギ』は文化人といわれるような人々から高く評価された。彼らもまた風向きの変化には鋭敏だ。湿った和製ブルースとは対極にあるカラッとして陽気なブギのリズム、それを唄いこなす笠置シズ子という強烈なキャラクターがこれからの時代が求めていることを悟っている。

「パリ風な捨身な、サビのある女の聲が私の琴線にふれた。（中略）腹の底からわあッと湧きあがる歌聲は聴くものの心をゆさぶらないではおかない」

『放浪記』を著した作家・林芙美子は、シズ子の自叙伝の後書きに寄稿してこのような賛辞を贈っている。また、当時はまだ大蔵省の新人官僚だった三島由紀夫は「天皇陛下みたいな憧れの象徴」と称えるほどにシズ子の大ファン。文才をかわれて作成した大臣のスピーチ原稿にも、

「笠置シズ子さんの華麗なアトラクションの前に、私のようなハゲ頭がしゃしゃりでるのは、まこと艶消しではありますが」

と書いて、それが問題となり先輩から大目玉をくらったというエピソードが残って

『東京ブギウギ』を唄う笠置シズ子（昭和26年〈1951〉撮影／毎日新聞社提供）

いる。このイベントにはシズ子も出席していたようだ。憧れの存在の前で自分の原稿が披露されるとあって、舞いあがり筆が乗りすぎてしまったか？

シズ子の唄やパフォーマンスに夢中だったのは、著名な文化人だけではない。

進駐軍施設が集中する日比谷(ひびや)から銀座へ向かう途中にある有楽町駅付近のガード下、そこには派手な服装の娼婦(しょうふ)たちが大勢いて、通りかかる進駐軍兵士たちに媚(こ)びを売っていた。敗戦国の悲哀が色濃く滲(にじ)む風景に人々は目を背け、同じ日本人からも彼女たちは「パンパン」などと呼ばれて差別される。好きでこんな事をしているのではない。

「こんな女に誰がした」

と、薄暗いガード下に屯(たむろ)する女たちはみんな『星の流れに』を口ずさんでいたのだが、昭和24年（１９４９）の年が明けた頃から、その愛唱歌が『東京ブギウギ』に変わっている。薄暗いガード下の雰囲気も少し明るくなってきたような……。

有楽町界隈(かいわい)の娼婦たちにもシズ子の熱狂的なファンが急増していた。彼女らの仕事場であるガードは日劇などの大劇場にも近く、日本のショービジネスの中心地でもある。シズ子の公演では、いつも最前列に彼女たちが陣取り熱い声援を送ってきたものだ。また、後に笠置シズ子後援会が発足した時にも、会員の大半が夜の仕事に従事する女性たちで占められていたという。

老若男女、あらゆる階層・職業の人々がブギウギに聴き入った。どんなにヒットした曲でも普通はそうはいかない。年齢層や趣味で、好む曲は違ってくる。しかし、この曲だけは誰もが聴くうちに楽しくなって自然と体を揺すり、その虜になってしまう。

シズ子の人気にあやかろうと、それまでの自分のスタイルを変えて「○○ブギウギ」などと、二匹目のドジョウを狙ったブギウギ調の歌謡曲が数多く発表されるようになる。ブギウギの時代。この頃をそう呼ぶ者もいる。そんな時代の頂点に君臨するのは、やはり、先駆者であるブギウギの女王・笠置シズ子だった。日本中のどんな歌手よりも、ブギウギが似合うキャラクターでもある。

シズ子の底知れないパワーには、映画界の巨匠も魅了されてしまう。昭和23年（1948）4月公開の映画『酔いどれ天使』の中で新曲『ジャングル・ブギー』が披露された。

シズ子はキャバレーのワンシーンに歌手役で出演してこれを唄っている。ジャングルの女王のような衣装を着た彼女が、飛び出すようにしてステージの上に現れて、

「わぁあ〜ぉ、わぉ、わぉ〜」

と、雄叫びをあげ唄いはじめる。スクリーンにはその口元がアップにされて映しだされていた。圧倒的な迫力。撮影時には監督・黒澤明が取り憑かれたように、

「口をもっとアップにしろ、喉ちんこまで映すんだ!」

と、興奮した声で指示していたという。『ジャングル・ブギー』は黒澤明がこの映画で使うことを想定して、自ら作詞したものだったが、これをシズ子に唄わせてみると……その迫力は巨匠の想像を遥かに超えていた。彼もすっかり虜となってしまう。このシーンでは主演の三船敏郎も完全に喰われ、彼女の存在感が際立っていた。

昭和24年（１９４９）には『ジャングル・ブギー』につづいて『ヘイヘイブギー』『大阪ブギウギ』などが次々に発表され、どれも大ヒットしている。シズ子の人気は不動のものになった。歌謡界は彼女を中心に動くようになる。それどころか日本社会全体が、彼女のエネルギーに満ちあふれた歌声とブギウギのリズムに引っ張り上げられていた。

父母の思いを知る

ブギウギの人気絶頂期だった昭和24年（１９４９）4月15日、シズ子は故郷の引田

に凱旋して公演をおこなっている。歌謡界の頂点に登りつめた晴れ姿を、亡き家族たちにも見せてやりたい。その思いから、忙しいスケジュールをやり繰りしてなんとか実現させたものだった。

公演会場に使用された朝日座は大正時代中期に建てられた劇場兼映画館で、この頃は老朽化してボロボロ。日劇や帝劇とは比べようもない。ドサまわりの旅芸人の一座が興行を打つような場所だ。こんなところに人気絶頂のブギウギの女王が来るわけがないと、地元では半信半疑の人も多かったという。

「生徒全員が招待されて凱旋公演を観に行きました。当時は朝日座の隣に大きな屋敷があって、そこが笠置さんの控室に使われていました。開演前にその家の前を通った時、建物が壊れるんじゃないかと思うほどの大きな歌声が響いていたんですよ。それが印象深かったです。笠置さんが歌の稽古をしていたのでしょうね」

とは、当時中学校2年生だった地元女性の話。彼女もその大迫力の歌声を聴くまでは、笠置シズ子は本当に来るのだろうかと少し疑っていたようである。

その朝日座とは細い道路を挟んだ向かい側に萬生寺という寺がある。境内に入ってすぐ左側、道路に沿ってある塀を背にして3つの墓石が並ぶ。右側の真新しい墓石には音吉・うめ夫妻の名前が刻んである。真ん中の一番古い墓石は幼くして亡くなった義兄の正雄、左側は戦死した義弟・八郎のものだ。

それは本堂付近にある墓地から離れてあり、シズ子の家族のために確保された墓所だった。優遇されている。おそらくこの寺に多くの寄進をしていたのだろう。墓石もかなり大きい。弟の八郎は戦死した時に陸軍軍曹の階級だったが、将校よりも下士官の墓のほうが立派で目立っていると地元の評判になったとか。山門の脇には「昭和二十七年　本堂銅製樋　笠置シズ子」と刻まれた石柱がいまも残っている。公演後も家族たちが眠る場所の環境を整えるために尽力しつづけたようだ。

凱旋公演の場所が朝日座になったのは、シズ子の要望だったのかもしれない。劇場とは道路を挟んですぐ近くに家族たちが眠る墓がある。マイクを使わなくても声が届く距離。晴れ姿を家族に見てもらうには最良の立地条件だった。

いつも以上に気合いを入れて声を張りあげ『東京ブギウギ』を熱唱する。その歌声を聴いて、墓の下に眠る家族たちも喜び笑顔になってくれるはず。

「どえらい声をあげよんなぁ、五月蝿うて寝てられへん」

と、苦笑していたのかもしれないが……。

萬生寺の「昭和二十七年　本堂銅製樋　笠置シズ子」と刻まれた碑（香川県東かがわ市）

公演後には故郷との絆が深まる出来事もあった。上京してからのシズ子は、引田が遠くなったこともあり帰省することはなかった。音吉が亡くなってから縁はさらに薄れてしまい、家族の墓以外には関心のない土地だった。

実母の鳴尾はまだ存命で引田にいる。また、隣村には実父の父方の実家があり、その親類縁者も多く存命していたのだが。自分を捨てた母と、それをさせた無責任な父やその実家にわだかまりがあったのだろうか。

それがすべて誤解だったことを教えて、シズ子を諭す人物が現れる。

凱旋公演から1年ほどが経った昭和25年（１９５０）6月、シズ子に東京大学総長・南原繁から電話があった。南原は香川県大川郡相生村南野（現在の東かがわ市南野）の出身。実父・陳平の家からは徒歩圏内に住んでいたという。同郷の人ではあるのだが、しかし、これまでシズ子はまったく面識がない。唐突な電話に驚いた。

「あなたの生い立ちのことについて、話しておきたいことがある。お互い時間を都合して会うことはできないだろうか」

そう言われて、さらに困惑してしまう。

南原とシズ子の実父・陳平は小学校や中学校の同級生で親友の間柄。大人になって

萬生寺の亀井家の墓所（香川県東かがわ市）

からも三谷家にはよく遊びに行っていたという。鳴尾とも面識があり、彼女と陳平が恋愛関係にあったことやその経緯についても詳しく知っていた。

陳平は両親を説得して親子3人で暮らそうと考えていたようだった。病になって早死しなければ、本当にそれが実現していたのかもしれない。彼が知る限り、陳平はシズ子を愛してその行く末を心配していた。愛娘（まなむすめ）を手放すのは苦渋の決断、幾度も悩んで泣いていた。

しかし、『東京ブギウギ』の大ヒットでシズ子に世間の注目が集まりだすと、彼女の生い立ちについても憶測で面白おかしく書かれた新聞や雑誌の記事が目立つようになる。自身も未婚の母となったことで、その数奇な運命はマスコミには美味（おい）しいネタだ。ふだんは芸能記事など読まない南原の目にもそれが入ってくる。

真実を知る彼からすれば、記事はどれも間違いだらけ。これはいけない、シズ子が読めば誤解する。酷（ひど）い仕打ちをした冷酷な父親と恨んだりしないか。そうだとすれば、最愛の娘に誤解されたまま、抗弁できない親友があまりにも哀れだ。真実を語って聞かせ誤解を解いてやらねばならないと、会って話をする決心に至ったという。

陳平がどんな人物だったのか、鳴尾との関係は遊びだったのか本気だったのか。シズ子は何も知らない。育ての親であるうめや音吉は、その話題を避けて何も話してはくれなかった。いまさら知ってどうするとは思うのだが、それでも気になる。

南原から連絡があった同月、シズ子は渡米して日系人慰問のためにハワイやサンフランシスコ、ロサンゼルスなどで約4カ月に及ぶ巡業をおこなっている。その間に新曲の『買物ブギー』が45万枚を売り上げて『東京ブギウギ』を超える大ヒットに。帰国後も仕事が殺到してさらに多忙を極めていた。南原とは電話で会う約束はしていたのだが、お互い時間の都合がつかない。日が経つにつれて知りたいという欲求は高まりつづけている。

南原から再度の電話があったのは、最初に電話を受けてから8カ月が過ぎた昭和26年（1951）2月のことだった。

「今日はお会いすることはできるだろうか？　周囲がうるさいので、申しわけないが大学まで来て欲しい」

と言う。この機会を逃すと今度はいつになるか。そう思うと居ても立ってもいられず、差し向けてきた車に飛び乗っていた。

車を降りて大学の校舎に入る。場違いな雰囲気に足がすくんで緊張してきた。来なければ良かったと少し後悔しながら総長室に入ると、南原がにこやかに微笑んで歩み寄ってくる。その優しげな親近感あふれる眼差し（まなざし）にシズ子の緊張は解れ（ほぐれ）ていった。

自分の娘に語りかけるように、南原は優しく丁寧に陳平の人となりを語って聞かせる。父と母が真剣に愛し合い、シズ子はふたりに愛されて生まれてきた。そして、親子3人が離れ離れになった後も、陳平はシズ子や鳴尾のことを片時も忘れることがなかった。また、それは鳴尾も同じ思いのはずだ、と。ふたりをよく知る彼の言葉には説得力があった。

自分のことではあるのだが、シズ子は大阪の亀井家の長女として暮らす以前のことについては、マスコミが憶測で書いた記事以外には何も知らない。実父母に対するこれまでのイメージは、新聞や雑誌から得た情報で構築されたところが多分にあった。南原の話を聞いてそれが大きく変わる。

南原はこの後もシズ子のことを色々と気にかけて連絡をとりつづけた。彼女の後援会が正式に発足すると後援会長にも就任している。東京大学総長が流行歌手の後援会長になるというので、当時は大きな話題になった。また、昭和51年（1976）故郷の相生小学校に南原の歌碑が建立された時、シズ子はその落成を祝って『児童の鑑』と題した長文の手紙を送っている。それによれば、

「私もブギでデビューしてから先生に常にお電話まで頂きはげましのお言葉身辺の安

否までお気つかい下さいました。」

と、深い親交があったことがうかがえる。シズ子はいつも自分のことを気にかけてくれる父の親友である南原に、父の幻影を見ていたのかもしれない。

シズ子は鳴尾と再び会って親交するようにもなった。

初対面の時のように感情を押し殺した無表情ではない。秘密をすべて知ってしまったシズ子の前では鳴尾も感情を露わに、

「許してや。ホンマにすまん、すまん」

大泣きしながら幾度も詫びてくる。その涙を見てわだかまりはすべて消えた。その後も鳴尾は幾度か東京を訪れるようになり、色々な話をするようになった。その人となりを知れば知るほど、自分はこの母親に似ていると思うようになる。娘・エイ子のことはこの世の誰よりも愛している。一番大切な宝だ。娘のためならどんなことでもしてやりたい。それと同じ感情が鳴尾のなかにもあることを知る。母娘の絆は深まってゆく。

それまでのシズ子は引田が故郷だという感覚は希薄だった。義父母の故郷ではあるが、自分にはそこに何の思い出もない。もしも引田での記憶が残っていたとしたら、

それは冷たい仕打ちをされた嫌な思い出しかないだろうと。

その誤解が解け、改めてその街並みや目の前に広がる瀬戸内海の眺めを想像してみる。と、心に浮かんでくる風景は、それまで見てきた眺めとは違って温かく懐かしい感じがする。自分を愛してくれた父がいた場所、そして母がいまも住んでいる場所だ。とても愛おしく思えてくる。自分の故郷は大阪だと思っていたのだが、どうやら、もうひとつ故郷が増えたようだ。

『東京ブギウギ』の大ヒットがなければ、南原がシズ子に関するマスコミ報道を目にすることはなかっただろう。会うための行動を起こすこともなく、彼女は何も知らず生きつづけていたのかもしれない。

ブギウギの衝撃が、もつれて絡まった過去の誤解を吹き飛ばした。シズ子が父母や故郷と向きあう契機にもなった。

美空ひばりとの確執

さて、ここで話は少し前に戻る。引田での凱旋公演がおこなわれる1年前、昭和23年（1948）10月のことだった。シズ子は横浜国際劇場の舞台に出演していたのだ

南原繁（昭和27年〈1952〉撮影／共同通信社提供）

が、この時に美空和枝を名乗る11歳の少女が、同劇場の支配人・福島博に連れられて楽屋に挨拶にやって来た。

美空は横浜の市民芸能コンクールで、シズ子の歌い方や間奏の時の踊りをそっくりに真似た『東京ブギウギ』を披露して話題になっていた。〝ベビー笠置〟などという愛称で呼ばれ、この頃はあちこちの舞台やイベントに出演している。

しかし、シズ子の叫ぶような地声や激しい動きを、小学生の少女がそっくりに演じるのだから違和感を覚える者も少なくはない。詩人のサトウハチローなどは「近頃、大人の真似をするゲテモノの少女歌手がいるようだ」と酷評していた。

真似されたシズ子本人はべつに何とも思っていなかったようで、楽屋を訪問してきたこの少女と一緒に仲良く並んで記念撮影をしている。モノマネの素人には、関心がなかったのだろう。

少女はこの前年、芸名を「美空ひばり」に変更して本格的にプロ歌手としてデビューした。キワモノと批判する声はあいかわらずあるが、また、モノマネの域を超えていると高く評価する者もいた。

シズ子の持ち歌のひとつに『セコハン娘』というのがある。歌詞の内容は、いつも姉のお古ばかりを着せられて、初めての彼氏も姉の元恋人だったというもの。美空が

『のど自慢狂時代』という映画に端役として出演した時に、のど自慢大会のワンシーンでこの曲を唄っている。

「笠置の歌はひどく陽気になるが、セコハンの哀しさといった感じは出ていない。しかし美空ひばりがうたうと、なんともいえない哀れさがある。ホロッとするものを出す。」

とは、この映画を監督した斎藤寅次郎の言葉。竹中労の『完本　美空ひばり』に記されていた一文を抜粋したものだ。この歌声に惚れ込んだ斎藤は、後に『東京キッド』など彼女の主演映画を多く手がけることになる。

美空は翌年の8月に『河童ブギウギ』でレコード・デビューするが、残念ながらこの曲はヒットしなかった。笠置シズ子のモノマネで評判になった少女歌手だけに、その路線で行こうとしたのだろう。が、それがウケるのは素人の少女だったから。プロの歌手になるとそうはいかない、世間の見方が違ってくる。

モノマネでレコードは売れない。また、個性がまったく違うシズ子の真似では、彼女本来の魅力も半減してしまう。

周囲もすぐにそのことに気がつく。10月に公開された初の主演映画『悲しき口笛』

で唄った同名の主題歌は、しっとりと濡れた日本的な情緒を感じる曲だった。底抜けに明るくカラッと乾いたブギとは真逆の路線変更、それが功を奏したようである。2枚目のシングルとして売り出されると、たちまちレコード売上10万枚を超えるヒット曲になっている。

美空ひばりがモノマネのブギウギと決別して独自の路線を歩みつつあったこの頃、ふたりの間に軋轢を生じさせる出来事が起こる。

昭和25年（1950）7月、美空は渡米して日系人慰問公演に出演したのだが。この公演では音楽著作権協会から「笠置シズ子の持ち歌を歌わぬように」と通達がされていた。シズ子が著作者の服部良一を動かしてクレームを入れたという。デビューしたばかりの美空には持ち歌が少ない。アマチュア時代から唄ってきたブギウギは、ショーやイベントで欠かせないレパートリーなだけに困り果てたようである。彼女の近親者やスタッフはシズ子を恨んだという。

シズ子にも言い分はある。美空のアメリカ公演から1カ月ほど後に、彼女もアメリカ各地をまわる日系人慰問巡業を予定していた。美空に持ち歌をそっくり真似されて唄われてしまうと、後からやってきたシズ子のステージを観た客は「なんだ、またブ

美空ひばり（昭和24年〈1949〉撮影／朝日新聞社提供）

ギか」となって盛りあがらない。遠く離れたアメリカで暮らす日系人には、どちらが本家なのか分からない。訪米公演もシズ子のほうが早くから計画していたものだけに、営業妨害されているような感じだった。

世間はそうは見てくれない。人気急上昇中の美空に嫉妬(しっと)しているとか、子ども相手にケンカを売るのは大人気ないとか、この件に関してマスコミが報じる内容はどうもシズ子に分が悪い。

「センセー、子どもと動物には勝てまへんなぁ」

そう言って、服部良一の前で苦笑いを浮かべたという話が残っている。

シズ子と美空の争いはしばらくマスコミのネタになり世間をにぎわしていたが、昭和26年（1951）2月のNHKラジオ「歌の明星」で共演した両者が番組の中で和解。これで一件落着となった。

しかし、この件でシズ子本人は最初から争っている気などなかったのではないか？仕事の邪魔になるから、権利を行使して正当な要求をおこなっただけのこと。この後にも先にも、彼女は美空について何も語ってはいない。まだ小中学生の少女である。陰で操る大人たちには思うところはあったかもしれないが、美空本人に遺恨はない。

シズ子の性分からすると、相手を敵と思っていたのなら、もっと情け容赦なく対応したはず。和解の握手など絶対にしなかっただろう。上辺だけ笑顔で接するなんて芸当は無理。人づきあいに不器用なのは、いくつになっても変わらない。ラジオ番組の茶番劇につき合ったのは、敵でも味方でもない関心のない相手だったからだと思う。ブギウギのモノマネをやめてくれたら、もう彼女と関わりあうこともない。

ブギウギの時代は儚く消えて

美空が渡米公演とほぼ同時に発売した『東京キッド』は45万枚を売り上げる空前のヒット曲となっていた。この年の4月に発表された芸能雑誌『平凡』の人気投票でも2位に躍進。もはや美空ひばりを〝ベビー笠置〟などと呼ぶ者はいない。

また、この人気投票でシズ子が10位にまでランクダウンしていたことにも驚く。ブギウギのブームは早くも過去のものになりつつある。それはレコードの売上実績にもはっきりと現れていた。昭和25年（1950）のレコード売上ベストテンを見ると1位は『東京キッド』で、前年まで一人勝ちの状況だったシズ子の楽曲は6位にランクインした『買物ブギー』だけ。翌年の昭和26年（1951）にはとうとうベストテンから消えてしまう。

服部良一が言う通り、大衆の心は常に流れて一刻も停滞していない。流行もすぐに変わる。それだけに〝流行歌〟の命は儚いものだ。

1950年代に入ると、流行歌の潮流にあきらかな変化が見られる。美空の楽曲にあるような哀愁があふれ、七五調でつづる日本的なメロディーの流行歌が増えた。『上海帰りのリル』などのように戦前を懐かしむような歌も流行っている。

「それは敗戦直後のアメリカ文化の模倣から、ようやく日本人の持つ独特の情念に回帰しようという動きだった」

評論家の竹中労はこのように語り、ブギの喧騒は去ったと断言している。

昭和25年（1950）に勃発した朝鮮戦争は、開戦から1年を過ぎても激化の一途。アメリカ本土からも大勢の兵士が朝鮮半島に送り込まれ、その兵站基地として機能する日本では工場がフル稼働していた。増産を当て込んだ設備投資もさかんになり朝鮮特需と呼ばれる好景気が生まれる。復興の目処が立ってきた。シズ子と美空がラジオでの和解会見をおこなった半年後の昭和26年（1951）9月8日にはサンフランシスコ講和条約が締結されている。これで連合軍の占領統治も終わる。

日本人には聴き慣れず違和感のあるブギウギが大衆に受け入れられたのは、敗戦による自信喪失も大きな要因だった。アメリカのものなら何でも手放しで賞賛してしまう、敗戦国の負け犬根性……植民地的な借物の音楽、軽薄で無責任なリズムに浮かれていた自分が恥ずかしいと反省を口にする者が現れる。

自信を失い、我を見失い、迷走する人々は、シズ子の明るく存在感あふれる歌声に引き寄せられて、猫も杓子もブギのリズムに身を委ねた。しかし、日本が主権を回復して自信を取り戻した人々が我に返ると、

「自分は何故あんなに浮かれて踊っていたのだろうか」

それまでの自分がバカに見えてくる。正気の沙汰ではなかった、と。そんなところだろうか。ブギウギの流行は、占領期の一時に生じた人々の〝気の迷い〟か？　さて、シズ子は自分が唄うブギウギについてどう思ったか。ブームの終焉をどんな思いで見つめていたのだろうか。

第七章　歌手・笠置シズ子の終い方

紅白歌合戦に出場

昭和27年（1952）4月10日からラジオドラマ『君の名は』の放送が開始された。東京大空襲の夜に出会った男女が恋に落ち、その後はすれ違いを繰り返して、会うことができない。もどかしい恋愛劇に人々は夢中になっている。

「忘却とは忘れ去ることなり。忘れ得ずして忘却を誓う心の悲しさよ……」

ドラマのオープニング・ナレーションが流れる頃になると、銭湯の女湯がどこも空になるという伝説が生まれていた。

戦時下を生きた者たちにとって、空襲の記憶は恐ろしく忌まわしい。記憶から消し去りたい惨劇だった。ところが、この頃になるとそれを、恋愛ドラマの舞台として楽しむようになっている。惨劇の記憶は忘れ去られようとしていた。

『君の名は』の放送開始から2週間ほどが過ぎた4月28日には、サンフランシスコ講和条約が発効した。日本を占領統治していたGHQ（連合国軍最高司令官総司令部）は撤退し、接収されていた帝国劇場や帝国ホテルなどの施設が返還された。英語名で表記されていた道路の案内板も再び日本名に改められている。主権の回復をその目で確認した人々から、敗戦時の負け犬根性は払拭されて自尊心が取り戻される。

そして取り戻された自尊心は、条約発効後も日本の国土に駐留しつづけるアメリカ軍に牙を剝く。各地で米軍基地の存続に反対する運動が巻き起こった。「ヤンキー・ゴーホーム」という反対派が叫んだスローガンが流行語になっていた。

流行歌は世相を反映する。美空ひばりの『リンゴ追分』は、この年の5月にレコードが発売されると、すぐに戦後最大の70万枚に達して売上記録を更新。日本的な情緒に満ちあふれ哀愁をおびた曲調が歌謡界のトレンドになってくる。

また、同年には江利チエミが現れた。彼女も美空ひばりと同い年、数年後には雪村いづみをくわえた昭和12年（1937）生まれのトリオが「三人娘」と呼ばれ、歌謡界の人気を独占するようになる。江利チエミは少女の頃から米軍基地内で巡業してきたジャズ歌手で、米兵たちのアイドル的存在だったという。その下地から欧米のテイストが色濃く、どちらかといえば美空の日本情緒路線よりもシズ子に近い感じがある。デビューシングルの『テネシー・ワルツ』も原曲は1948年にアメリカで発表されたカントリーミュージック。それに和訳の歌詞を入れたものだった。

しかし、『テネシー・ワルツ』は初めて聴いた日本人にも、ブギウギのような違和感がなく耳にすぐ馴染む。ワルツは三拍子が基本。スローテンポで落ち着きがあり、しっとりした情感があふれている。日本人の好みに適合し、抒情的な日本語の歌詞がよくはまる。

『テネシー・ワルツ』の人気にあやかり、ワルツと題された曲が次々に登場した。柳の下に二匹目のドジョウを狙う、ブギウギがブームだった時と同じで歌謡界の常。なかでも、日本髪と和服の芸者スタイルで神楽坂はん子が唄う『ゲイシャ・ワルツ』は大ヒットしている。

「テネシー・ワルツに対抗できる日本調のワルツを作りたい」

と、コロムビアが力を入れて、戦前からのヒットメーカーである古賀政男と西条八十のコンビに依頼して作られた曲。〝日本風〟の濃度がさらに濃くなっており、宴席で三味線の伴奏でよく唄われたという。

この後も「ワルツ」がタイトルにある曲が多く作られ、１９７０年代頃までは『星影のワルツ』『乙女のワルツ』など、ワルツと題する曲がヒットチャートに登場している。ワルツは日本人の好みにあうよう様々なアレンジをくわえることで生きながらえていった。一瞬のブームの後に消えてしまったブギウギとは違う。

シズ子が唄ったブギウギ。圧倒的なパワーを見せつけられた人々には、いまもそれが鮮明な記憶として焼き付いている。ブギウギといえば、シズ子が唄ったそれしかない。変えようがない。手をくわえると陳腐なものになってしまう。それが必要とされた時代には圧倒的に支持される。が、激しく変化する時代にあわせて変わることができない。不器用な彼女の生き様にも通じるところがある。

シズ子は、昭和27年（1952）のNHK紅白歌合戦に出場している。当時はラジオ放送、収録はスタジオでおこなわれていた。この頃の紅白歌合戦は正月番組として放送され、出場歌手は男女それぞれ12組と現在の半分程度である。

紅組のトップバッターはシズ子と同じ松竹歌劇団出身の暁テル子。楽曲は『東京シューシャイン・ボーイ』だった。その次は宝塚少女歌劇団の出身でジャズ歌手としても活躍した池真理子とつづく。序盤戦は大正生まれの歌手ばかり。公共放送であるNHKは、あらゆる人々への配慮が必要だ。現代の紅白歌合戦でも「今年の活躍」「世論の支持」を歌手の選考基準にあげながら、時代とはかなりズレを感じる熟年層向けの演歌や懐メロもそれなりの枠を取っている。そして、3番目にはシズ子が登場して『買物ブギー』を唄った。この時はもう「今年の活躍」で選ばれたわけではなさそうだ。

日本中がブギウギに浮かれていた頃からさほど時は経っていないのだが、それがもう懐メロ枠？　激変しつづける昭和20年代を生きた人々は、現代人とはかなり違った時間感覚で生きていたのかもしれない。

「老兵は死なず、ただ消え去るのみ」

とは、日本を支配した連合国軍最高司令官のダグラス・マッカーサーが退任演説で発した名言。役割を全うした者は人々の前から消える。しかし、まだ死んではいない。表舞台に姿を現さなくなっただけのこと。命の灯が尽きるまで、新しい生き甲斐をみつけて生きつづける。

シズ子もブギの時代の終焉を望んでいた？

『買物ブギー』が45万枚を売り上げて、ブギウギのブームが盛りだった昭和25年（1950）に、シズ子は世田谷区弦巻で300坪の土地を購入している。高度経済成長期前の土地が安い頃とはいえ、電車網が発達した住宅地でこれだけの広さの土地を買うとなれば、それなりの資金が必要だ。普通のサラリーマンでは難しいだろう。

翌年にはこの土地に建てた新居が完成した。こぢんまりとした40坪の平屋建てだったが、愛娘（まなむすめ）とふたりで暮らすにはこれで十分。家が小さいぶん広い庭が確保されている。シズ子は庭をすべて花壇にして花をいっぱい植えた。花の栽培は彼女の趣味となり、とくにバラを好んだという。

草摘みなどの作業もすべて自分でやる。仕事が休みの日には一日中花壇で土をいじった。顔は泥だらけ、爪の中も汚れて石鹸（せっけん）で洗ってもなかなか取れない。そんな努力の甲斐があり、美しい花園が近所の評判になっている。近所では「笠置ガーデン」という別名で親しまれ、道端で観賞する人も多かったという。付近の小学校が「生徒の理科学習のために見学させてほしい」と申し入れてきたりもした。

花いっぱいの美しい庭を最愛の人たちと一緒に眺めて暮らす。それが夢だった。穎右が残してくれたエイ子は4歳、庭仕事をするシズ子にまとわりついて離れない。その姿を眺めるうちにシズ子の顔もほころぶ。この数年間、忙しく働きつづけたのは最愛の娘と幸福に暮らすため、この笑顔を見るためだった。

目的をやり遂げた。心は達成感に満たされる。

ブギウギのブームが下火になってきた頃に、服部がシズ子に違った楽曲を歌わせようと試行錯誤したこともあった。しかし、上手くいかない。ブギの女王として大衆に周知されたイメージが強過ぎるということにくわえて、シズ子のモチベーションにも問題があったのではないか？

『東京ブギウギ』が大ヒットする以前は切羽詰まった状況にあった。生まれたばかりのエイ子を抱えて、歌手として再起をはからねばならない。頼れる肉親や親族もいない身の上。再起に失敗すれば母子ともども路頭に迷う。

「ブギに再起を賭けた私は、全身のエネルギーをふりしぼり声帯のエンジンをフル回転させて、歌い、踊り、咆え、叫んで客席と一体化した熱気のうちに、自分自身の新しく生きる力をヒシと確かめようとしました。（中略）その意味で、「東京ブギウギ」は私自身の復興ソングだったのです」

『婦人公論』（1966年8月号）の記事で、本人が当時の心境を語っている。背水の陣、火事場のバカ力。危機に際して目覚めた生存本能が爆発し、それに日本中が巻き込まれて一大ブームに。もう一度それをやれと言われても……。

「あんなしんどいこと、もうできまへん」

それが本心だったと思う。娘とふたり生きるのに必要な金はもう十分に蓄えている。あの頃の危機感はない、すでに目的は達しているのだ。

笠置シズ子と娘のエイ子（昭和29年〈1954〉撮影／朝日新聞社提供）

歌うことがすべて、自分の使命であり存在証明と考え、そこに命を賭ける歌手もいる。シズ子と因縁深い美空ひばりの場合はどうか。この後も、彼女は歌謡界の女王として君臨しつづけた。60年代末頃にグループサウンズのブームが起こると、日本情緒にあふれるその路線に人々は「古い」という印象を持つようになり飽きはじめる。大衆の心はいつも移り気で身勝手だ。日本情緒に飽きれば、今度はまたアメリカから入ってきた新しい音楽に関心が移る。ブギウギの時と同じだ。

しかし、美空はそこで終わらない。時代のニーズにあわせて大胆なイメチェンをはかる。昭和42年（1967）に発表された『真赤な太陽』は、これまでの美空の楽曲にはなかったパンチの利いたグループサウンズ調。当時は人気絶頂だったブルー・コメッツとのコラボ曲でもあり話題を呼んだ。真っ赤なミニスカートを穿いてダンスしながら歌う美空の姿に大衆は驚き、新たな魅力に人気も再燃した。

歌いつづけるためならば、これまでの自分のイメージを破壊する変化を厭わず。そのための血を吐くような努力もする。この後、美空は50歳の時に体調不良で倒れて約2年間の長期療養を余儀なくされるのだが、それでも歌を諦めなかった。昭和63年（1988）4月には復帰を果たす。不死鳥をイメージしたステージ衣装を身に纏い、完成したばかりの東京ドームでコンサートを開いている。体調は万全ではなく、体力を消耗するステージに立つのは命を削る思いだったろう。それでも歌はこの世で一番大切なもの、自分のすべてだと思うから。死ぬまで唄うことがやめられない。

しかし、シズ子はそうではない。歌よりも大切なものがある。彼女にとって最も大切なものは家族、歌はそれを守り養うための手段だった。両親や弟を亡くした後は、唯一の家族である愛娘のために唄いつづけた。

安住の家を得て、いまは母子が路頭に迷わないですむ蓄えもある。人々を魅了しつづけたあの歌声は、娘を養わねばならないという切迫感が作用していた。

生存本能からくる叫び。暮らしに余裕が生まれたいまは、その本能が発動しなくなっている。

ブギのブームが下火になった頃から、シズ子は引き際を考えていたようだった。忙し過ぎて、娘と一緒にいる時間もなかなか取れない。日々成長してゆく娘の可愛い今をすべて目に焼き付けておきたい。置き去りにされる娘も可哀想。長い出張の時などは、夜中に寂しがって泣いていないかと気にかかる。このままではお互い不幸だ。お金はもう必要ない。いまは母子が一緒にいる時間をすこしでも長くして、愛娘の成長を見守りたい。

　また、このまま人気商売の歌手をつづけることで、娘を危険に晒すのではないかと危惧していた。派手で目立つ存在だけに、悪事を企む輩を引き寄せる。それで寿命が縮むような恐ろしい体験をした。

　昭和29年（１９５４）3月31日、自宅に「俺たちの結社」を名乗る人物から、

「指定する場所に6万円を持ってこい。そうしなければ、お前の娘・エイ子を殺す」

という脅迫電話が入ってきた。この年の大卒初任給８７００円、高卒だと５０００円程度だからそれなりの大金である。幸い犯人は素人の単独犯。犯行計画もずさんなもので、すぐに逮捕されて事なきを得たのだが、事件が解決するまで生きた心地がしなかった。

　当時は芸能人の住所や電話番号が雑誌などにもよく掲載され、プライバシーへの配慮は皆無。それだけに馬鹿なことを思いつく者は後をたたず、この翌年には芸人のトニー谷の息子が本当に誘拐される事件も起きている。

　誘拐は成功率が低く罪は重い。割にあわない犯罪だ。それをやる者たちは、大概が金に窮して切羽詰まった状況にある。芸能人の贅沢三昧の生活ぶりを雑誌などで目にすれば、怒りの矛先はそちらに向けられる。能天気で明るいシズ子のようなキャラク

ターは、世間を恨む彼らにはなおさら癪に障り標的になりやすいのかもしれない。

　このまま唄いつづけることで愛娘を危険に晒すことになりはしないか。娘の安全を考えるなら、歌手・笠置シズ子は消えてなくなったほうがいい。ブギウギの人気が凋落したいまがその頃合い、そんなふうにも考えるようになっていた。

「輝いていた時をそのまま残したい」と、歌手引退

　昭和31年（1956）には石原慎太郎の小説『太陽の季節』が刊行されてベストセラーになっている。石原の弟・裕次郎を主演に映画化されてこちらも大ヒット。その影響は大きい。裕次郎を真似たサングラスやアロハシャツの若者が街にあふれ、太陽族と呼ばれるようになっていた。映画の登場人物たちのように街でナンパすることもやる。無軌道で不道徳な行動を問題視する声が高まっていた。

　戦後教育を受けて大学生や社会人になった若者たちが増えてきた時代。戦前を生きた世代とは考え方や価値観があきらかに違う。大人たちには彼らが外国人のように映る。シズ子が『東京ブギウギ』を発表した頃は、ステージの上で奔放に踊り唄う彼女に呆れ「下品」「退廃的」などと批判する声もあったのだが。いまはそれさえ大人し

く感じるほどに、世は変貌(へんぼう)している。

音楽の世界でもアメリカでエルビス・プレスリーが脚光を浴び、日本でもロカビリーが流行していた。コンサートが盛りあがってくると、興奮した観客は曲にあわせて総立ちで踊りだす。2月に日劇でおこなわれた「ウエスタンカーニバル」では、ファンがステージを占拠してミュージシャンを客席に引きずり込む騒動が起こっている。流行の音楽は、それを聴く客のほうも過激になっていた。

歌手・笠置シズ子はますます過去の人になりつつある。それでも彼女にはまだ需要があった。いまもそのネームバリューで大勢の客を呼べる。義理堅い性格の彼女だけに、昔から世話になった人々からのオファーをむげに断るようなことはしない。

劇場にやってきた客たちは、ブギウギの時代を懐かしむ。占領期の苦しい頃のことを思い浮かべながら、元気を呼び起こしてくれるシズ子のパワフルな唄声(うたごえ)に耳を傾けた。あの時代はブギウギ一色に染められていた。彼女の歌声が懐かしい時代に誘(いざな)ってくれる。

古代から巫女(みこ)という存在があった。神は巫女の体を借りてメッセージを伝えながら舞い踊る、その姿に人々は魅せられ崇(あが)めた。大衆にとって歌手・笠置シズ子もまた巫女のようなものか？　占領期という暗闇の時代に、神の依代となったシズ子が現れて人々を明かりの見える方向へと誘った。

神が降りた巫女がそうであるように、シズ子もまたすべてを忘れて恍惚としたトランス状態だったのかもしれない。ブギウギに熱狂する大衆と同じように、我を忘れて一心不乱に唄い踊った……宴の時が終わり、神が体から離れると巫女は我に返る。神に選ばれた依代も、神が離れてしまえばただの人。しかし、宴を懐かしむ者たちは、あの時の巫女の舞い踊りをもう一度観たいと願う。いまのシズ子は、それに応えることができているのだろうか。もはや、あの時のように神は降りてこない。

生身の人である彼女は、40歳を過ぎて衰えを自覚するようになっていた。この頃は体重も増えて、踊っていると息があがる。パワーダウンは否めない。せっかく金を払って来ている客をガッカリさせていないかと気になる。ブギの女王・笠置シズ子。そう呼ばれつづけることが辛い。その看板が、今の自分には重すぎる。

「そろそろ、潮時やなぁ」

年齢を重ねて円熟味を増し魅力を放ちつづける歌い手もいる。が、シズ子のブギウギはそれとは違う。心身に力があふれていなければ……輝いていられる時は一瞬。叫ぶように唄い、激しく踊る。人々が期待するような絶頂時のパフォーマンスはもう無理だ。

衰えて醜態を晒しつづけるよりは、最高の自分の姿が人々のイメージにあるうちに消えたほうがいい。強烈な輝きを放っていた頃の姿を人々の目に焼きつけておきたい。その思いが強くなっていた。

昭和31年（1956）の3月に日劇で出演して以降、シズ子は舞台に出演しなくなった。新曲を出すこともなく、時々、雑誌のインタビューに応じる程度で、公の場には出てこない。表舞台から消えるための準備をしていたのだろう。そして、久しぶりに人前に姿を現したのが年末の紅白歌合戦。この時、シズ子は大トリで『ヘイヘイブギー』を唄っている。それが歌手生活のフィナーレ。

そして昭和32年（1957）の年明け早々に、

「自分が最も輝いていた時代をそのままに残したい。それを自分の手で汚すことはできない」

という声明を出して歌手引退を発表している。

神が離れて役目を終えた巫女に、人々は宴の残香を求めて群がってくる。きっぱりやめてしまわなければ、いつまでも人々に崇められてしまう。ブギの女王、その重さにはもう耐えられない。歌手・笠置シズ子と決別して、その存在を完全に消し去ってしまいたい。

彼女の歌手引退を知った服部良一は、

「笠置シズ子の歌は笠置シズ子にしか歌えない。俺の曲を葬り去るつもりか」

そう言って強硬に反対していたという。他にも周囲には反対する者が多くいたようだが、最後は折れた。言い出したら聞かない彼女の頑固な性格は皆がよく知っている。説得は無駄だと悟ったようである。

また、そんな頑固で一途（いちず）なシズ子の性格を愛し、いかにも彼女らしい引き際だと決断を支持する声もある。女優・高峰秀子（たかみねひでこ）は著書『わたしの渡世日記』の中で、

「そのガンコさが、ある日、ある時、あれほどの歌唱力を惜しげもなく断ち切り、歌謡界からキッパリと足を洗わせてしまったのだろう。ファンとしては惜しいことだが、小気味いいほど見事な引退ぶりでもあった。見習いたいものである。」

このように褒め称（たた）えている。高峰は撮影の合間を縫って、今日は浅草、明日は丸の内とシズ子のステージに通い詰めた熱烈なファンだった。映画『銀座カンカン娘』で共演して親交を結ぶようになり、その気性を知ってからはますます魅了されたという。

歌手を辞めた後、シズ子は女優に専念することにした。これまでも舞台や映画でのクセの強いキャラは評価されている。これからは歌手業の片手間ではなく、生まれ変わったつもりで専業の女優として仕事に取り組む覚悟。そのため「笠置シズ子」から「笠置シヅ子」に芸名を変更した。

ブギの女王という重い看板を下ろして身軽になると、目の前に広がる風景も違って見える。なにやらすべてが新鮮に映りワクワクする。こんな気分は久しぶり。

「歌手・笠置シズ子の高いギャラはいりまへん。これからは新人女優のギャラで使ってください。勉強させていただきます」

そう言って映画会社やテレビ局をまわった。すると、本当に新人女優になったような……松竹楽劇部に押しかけ入門した時のことを思いだす。

撮影現場で目にするものや楽屋で耳に入ってくる話など、すべて芸の修行と考えて必死で見て聞いて学んだ。貪欲(どんよく)になんでも吸収してやろうという気になってくる。

服部良一作曲生活35周年祝賀会での笠置シヅ子と服部良一のツーショット（昭和33年〈1958〉撮影／朝日新聞社提供）

歌手を引退した年、連続ドラマ『雨だれ母さん』に出演。夫と死に別れながら2人の子どもを明るく育てる母親役が好評だった。30歳はもうオジサンやオバサンといわれた時代、いまと比べて人が老けるのはずっと早い。40代の彼女には年相応の役柄だろうか、自らも子を持つ母親なだけに感情移入もしやすい。素の自分に戻れたような気になれた。

シヅ子は演出家や現場のスタッフに会うと、

「笠置シズ子の名は忘れたってください」

必ずそう言って、他の新人俳優と同じように扱ってもらうことを望んだ。大勢が見ている前でも遠慮なくダメ出しをしてほしい、と。自分は新人女優のつもりだが、周囲は彼女の過去の栄光に忖度してしまう。それが嫌だった。

40代の新人女優は演技の勉強に本気で取り組んだ。その努力の甲斐あって、やがて、はまり役ができあがってくる。昭和35年（1960）から放送された連続テレビドラマ『台風家族』でシヅ子は太鼓焼き（今川焼き）屋のおかみさんを演じた。それが世間の評判になる。口は悪いが人情に厚い世話焼きオバチャン、テンポの良い大阪弁のセリフにテレビを観ている人々はつい引き込まれてしまう。

当時はテレビドラマの1クールが長く、1年間くらい放送がつづくのはあたりまえ。

視聴率が良ければ年をまたいで延長されたりする。『台風家族』は4年間も放送がつづけられ、女優・笠置シヅ子のキャラクターがすっかり定着してきた。

歌手時代の彼女を知らない若い世代には、口うるさい太鼓焼き屋のおかみさんのイメージしかない。また、その時代に生きた人々にも、彼女からブギの女王のイメージはすっかり薄れ、歌手・笠置シズ子が女優・笠置シヅ子と同一人物とは思えなくなってくる。

女優修行もそのためか？　新たなキャラクターを作りあげ、それを上書きすることで昔の残像は隠れてしまう。歌手・笠置シズ子の残像を自分の中から消去する。女優として新しいキャラクターをつくりあげることでそれは達成された。

老兵は死なず消え去るのみ。なのだが、世間の記憶を消し去ることは難しい。世に強烈な印象を残した彼女の場合、過去を消し去りその後の人生を生きるには、美空が歌手として生きつづけるのと同様に、尋常ではない努力が必要だった。

思い出がいっぱい詰まった日劇の最後を見送りながら……

昭和42年（1967）にシヅ子はテレビ番組の『家族そろって歌合戦』に審査員として出演するようになった。司会の獅子てんや・瀬戸わんやから話をふられて、

「カネヨンでっせ！」

ギャグで応じて場を和ませる。台所用洗剤のCMに出演するようになり、この決めゼリフがテレビでよく流れていた。街中を歩いていると、子どもたちから「カネヨンのおばさんだ」と言われたりする。ブギの女王・笠置シズ子のイメージは完全に払拭されている。

この年には「核家族」という流行語が生まれた。祖父母から孫まで三代が暮らす昔のような大家族は都市部だとかなり珍しくなっている。夫婦だけ、あるいは、夫婦と子どもだけの小家族が普通になっていた。

また、ベトナム戦争に反対する学生運動が盛りあがっていた頃でもあり、大人は機動隊相手に暴れる学生たちの思考が理解できず顔をしかめる。若者もまた大人のいう

ことはすべて「ナンセンス」の一言で片付けて聞く耳をもたない。

世代間の断絶が深刻化し、昔からの家族の形や意味が大きく変わっていた。そんな時代だからなおさら、家族そろって仲良く唄う姿に視聴者はほっこりさせられる。

「審査員のみなさん、スイッチをどうぞ」

司会者の声とともにカメラがまわって審査員席を映す。そこには満面の笑みを浮かべながら得点のスイッチを押すシヅ子の姿がある。彼女は「家族」という存在にはずっと執着していた。父母兄弟を失ってからは、その大切さをいっそう思い知らされている。

「家族がおることは幸せなんやで、みんな仲良くしなはれ」

そんなことを思いながら、家族たちの歌声に聴き入っていたのだろうか。

さらに時は流れて昭和56年（1981）2月15日、「サヨナラ日劇フェスティバル」の最終日にシヅ子はステージに上がって挨拶した。日劇はこの日をもって閉館となって取り壊されることが決まっている。

少女歌劇の頃からよく知る馴染み深い劇場だった。終戦後最初の興行をここでおこない、師の服部良一と感動の再会をしたのもここ。身重な体で『ジャズ・カルメン』

を熱演した時のことが昨日のように思いだされる。また、『東京ブギウギ』を歌った時には大劇場を埋め尽くした客がみんな曲にあわせて肩を揺する、それは壮観な眺めだった。

そんな歌手時代の思い出がいっぱい詰まった大劇場が消滅する。歌手・笠置シズ子が存在していた証がまたひとつ消えてゆく。それは彼女が望んでいたことでもあるだろうけど、寂しさを感じないはずがない。

シヅ子はこの日を境に公の場には姿を現さなくなった。日劇が閉鎖されてまもなく、乳がんが見つかり手術をした。その後は転移や再発を繰り返し、晩年は治療と療養の日々だったという。

そして昭和60年（1985）3月30日に永眠。享年70だった。

バブル景気が始まる直前の世には、どこか浮かれた雰囲気が漂っていた。原宿には竹の子族が出没し、ハマトラやニュートラなどの女子大生ファッションが脚光を浴びている。また、芸能界では松田聖子がデビューしてアイドルブームが到来した。

偶像はその時代の大衆の求めに応じて生まれてくる。そして役目を終えれば、時代遅れになって消えてゆく。世の中はその繰り返し。30年以上も昔の流行歌手の死が、

日劇サヨナラ公演（昭和56年〈1981〉撮影／共同通信社提供）

大きな話題になることはない。静かな幕引きだった。

歌手・笠置シズ子をやめた時から、そんな最期を望んでいたのだけど……それにしても大衆というのは本当に移り気で忘れっぽい。

「ほんまに、よう言わんわ」

そう言って、あの世で苦笑していそうだ。

【参考文献】

〈書籍〉

『歌う自画像　私のブギウギ傳記』笠置シズ子（北斗出版社）
『ぼくの音楽人生』服部良一（日本文芸社）
『完本 美空ひばり』竹中労（ちくま文庫）
『わたしの渡世日記』（下）高峰秀子（文春文庫）
『愛すべき名歌たち』阿久悠（岩波新書）
『古川ロッパ昭和日記　戦後編　昭和20―昭和27年』古川ロッパ（晶文社）
『ブギの女王・笠置シヅ子』砂古口早苗（現代書館）
『昭和史残日録　戦後篇』半藤一利（ちくま文庫）
『昭和二十年東京地図』西井一夫（ちくま文庫）
『敗戦日記』高見順（中公文庫）
『小林一三は宝塚少女歌劇にどのような夢を託したのか』伊井春樹（ミネルヴァ書房）
『松竹と東宝』中川右介（光文社新書）
『昭和流行歌スキャンダル』島野功緒（新人物文庫）
『値段史年表』週刊朝日編（朝日新聞社）

『引田町史　近・現代』引田町史編さん委員会（引田町）
『ふるさと』南原繁（日本図書センター）
『南原繁の生涯―信仰・思想・業績』山口周三（教文館）
『大正区の歴史を語る』大正区の歴史を語る会（大正区役所）
『福島区史』（福島区制施行五十周年記念事業実行委員会）
『大阪港』（大阪市役所港湾部）

〈雑誌〉

『スタア』１９４６年
『アサヒグラフ』１９４８年5月12日号
『映画ファン』１９４８年5月号
『主婦と生活』１９４９年４月号
『丸』１９４９年10月号
『芸術新潮』１９５０年12月号
『近代映画』１９５１年７月号
『月刊読売』１９５１年９月号

『家庭よみうり』１９５２年9月1日号
『放送文化』１９５５年
『週刊娯楽よみうり』１９５５年12月16日号
『社会人』１９６３年６月号
『郵政』１９６５年1月号
『婦人公論』１９６６年８月号
『くらしの泉』１９７０年６月号
『文藝春秋』１９８５年６月号

〈ネット資料〉
『笠置シヅ子のスウィングする声』細川周平（国際日本文化研究センター学術リポジトリ）
東かがわ市歴史民俗資料館
https://sites.google.com/view/higashikagawa-rekimin/
朝日新聞デジタル
https://www.asahi.com

本書は書き下ろしです。

笠置シヅ子

昭和の日本を彩った「ブギの女王」一代記

青山 誠

令和5年 9月25日　初版発行

発行者●山下直久

発行●株式会社KADOKAWA
〒102-8177　東京都千代田区富士見2-13-3
電話　0570-002-301（ナビダイヤル）

角川文庫 23849

印刷所●株式会社暁印刷
製本所●本間製本株式会社

表紙画●和田三造

●お問い合わせ
https://www.kadokawa.co.jp/（「お問い合わせ」へお進みください）
※内容によっては、お答えできない場合があります。
※サポートは日本国内のみとさせていただきます。
※Japanese text only

ISBN 978-4-04-606599-5　C0195

◇◇◇

角川文庫発刊に際して

角川源義

第二次世界大戦の敗北は、軍事力の敗北であった以上に、私たちの若い文化力の敗退であった。私たちの文化が戦争に対して如何に無力であり、単なるあだ花に過ぎなかったかを、私たちは身を以て体験し痛感した。西洋近代文化の摂取にとって、明治以後八十年の歳月は決して短かすぎたとは言えない。にもかかわらず、近代文化の伝統を確立し、自由な批判と柔軟な良識に富む文化層として自らを形成することに私たちは失敗して来た。そしてこれは、各層への文化の普及滲透を任務とする出版人の責任でもあった。

一九四五年以来、私たちは再び振出しに戻り、第一歩から踏み出すことを余儀なくされた。これは大きな不幸ではあるが、反面、これまでの混沌・未熟・歪曲の中にあった我が国の文化に秩序と確たる基礎を齎らすためには絶好の機会でもある。角川書店は、このような祖国の文化的危機にあたり、微力をも顧みず再建の礎石たるべき抱負と決意とをもって出発したが、ここに創立以来の念願を果すべく角川文庫を発刊する。これまで刊行されたあらゆる全集叢書文庫類の長所と短所とを検討し、古今東西の不朽の典籍を、良心的編集のもとに、廉価に、そして書架にふさわしい美本として、多くのひとびとに提供しようとする。しかし私たちは徒らに百科全書的な知識のジレッタントを作ることを目的とせず、あくまで祖国の文化に秩序と再建への道を示し、この文庫を角川書店の栄ある事業として、今後永久に継続発展せしめ、学芸と教養との殿堂として大成せんことを期したい。多くの読書子の愛情ある忠言と支持とによって、この希望と抱負とを完遂せしめられんことを願う。

一九四九年五月三日